Brian Tracy
Thinking Big

Brian Tracy

Thinking Big

Von der Vision zum Erfolg

6. Auflage

Die Deutsche Bibliothek - CIP-Einheitsaufnahme

Ein Titelsatz für diese Publikation ist bei der Deutschen Bibliothek erhältlich.

ISBN 3-930799-73-1

Lektorat und Bearbeitung: Ute Flockenhaus, Fischerhude (b. Bremen)
Cover: +Malsy Kommunikation und Gestaltung, Bremen
Satz und Layout: image team, Bremen
Druck: Salzland Druck, Staßfurt

6. Auflage 2004

© 1998 GABAL Verlag GmbH, Offenbach

Alle Rechte vorbehalten. Vervielfältigung, auch auszugsweise, nur mit schriftlicher Genehmigung des Verlages.

www.gabal-verlag.de – More success for you!

Inhaltsverzeichnis

Vorwort 6

1. Träumen Sie große Träume! 8
2. Entschlossenheit zur Spitzenleistung 25
3. Die Macht des Wissens 40
4. Entfesseln Sie Ihre Kreativität! 49
5. Der Schlüssel zum Wohlstand 60
6. So treffen Sie Entscheidungen richtig 74
7. Das Denken in Möglichkeiten 85
8. Niederlagen überwinden 99
9. Kreative Vernetzung 111
10. Charakter macht den Unterschied 122
11. Die eigene Macht erkennen 136
12. Der Schlüssel zum Erfolg 148

Stichwort- und Autorenverzeichnis 161

Vorwort

„Thinking Big" – ein Buch, das Sie motivieren wird, über sich selbst hinauszuwachsen!

Wer ist Brian Tracy? Ist es sinnvoll, dieses Buch zu lesen? Lohnt es sich, das Gelesene anzunehmen und für sich selbst umzusetzen?

Brian Tracy ist Amerikas erfolgreichster Erfolgstrainer. Er trainiert Menschen auf der ganzen Welt und hilft ihnen, an die Spitze zu kommen. Brian Tracy wird auch Ihnen helfen, noch erfolgreicher zu werden. Sie lernen von einem Mann, der nicht nur den Erfolg studiert hat, sondern auch aus eigener Erfahrung weiß, was man tun muß, um seinen Weg zu gehen. In seinen vielen Seminaren hat Brian Tracy auch in Deutschland gezeigt, daß es für jeden möglich ist, noch erfolgreicher zu werden. Sie lernen also von einem großen Könner, von einem Vorbild.

Persönlich kenne ich Brian Tracy seit vielen Jahren und bin ihm nicht nur hier in Deutschland, sondern auch auf großen Veranstaltungen in den Vereinigten Staaten begegnet, an denen häufig über zehntausend erfolgsorientierte Menschen teilnahmen. Ich schätze ihn als Mensch und als Persönlichkeit. Brian Tracy ist ein sehr sympathischer und zuverlässiger Mensch, der das, was er lehrt, auch selbst verkörpert.

Dieses Buch von Brian Tracy wird Sie motivieren, Visionen für noch mehr Erfolg in Ihrem Leben zu entwickeln. Und darüber hinaus: Es wird Ihnen Mut geben und viele praktische Ideen liefern, wie Sie Schritt für Schritt Ihre Visionen und Träume verwirklichen können.

Vorwort

Vielleicht darf ich Ihnen noch einen kleinen Tip geben: Da dieses Buch sehr interessant und flüssig geschrieben ist, besteht die Gefahr, daß Sie manch wertvolle Passage zu leicht überlesen, ohne sich wirklich mit den Aussagen zu beschäftigen. Lesen Sie also langsam und aufmerksam. Nachdem Sie das Buch ein erstes Mal durchgelesen haben, sollten Sie sich die für Sie persönlich wichtigsten Kapitel markieren. Studieren Sie dann diese Kapitel noch einmal gründlich, damit Sie sich nicht nur unterhalten lassen, sondern möglichst viel lernen und konsequent zur Tat schreiten.

Ausgesprochen gut gefiel mir in diesem Buch das Kapitel „Entschlossenheit zur Spitzenleistung". Warum? Wir benötigen in Deutschland und Europa Menschen, die bereit sind, Spitzenleistungen zu vollbringen. Wir brauchen den Mut zur Elite. Große Aufgaben liegen vor uns.

Erkennen Sie, daß Sie selbst der Boß in Ihrem Leben sind. Sie können, Sie dürfen, Sie müssen das Steuer Ihres Lebens selbst in die Hand nehmen. Lassen Sie sich darum nicht von Nebensächlichkeiten ablenken:

> „Wenn das Pferd tot ist, dann steige ab!"

In diesem Buch lernen Sie, sich auf das zu konzentrieren, was Ihnen wirklich wichtig ist. In all meinen Seminaren sage ich immer wieder:

> „Wer das Außergewöhnliche will, muß selbst außergewöhnlich sein."

Ich wünsche Ihnen viel Mut und das nötige Durchhaltevermögen auf Ihrem Weg zu „Thinking Big",

Ihr *Nikolaus B. Enkelmann*
Institut für Rhetorik, Management und
Zukunftsgestaltung, Königstein/Taunus

Träumen Sie große Träume!

Herzlich willkommen zu *Thinking Big*, dem Erfolgstraining von Brian Tracy, einem der besten Trainer der Welt.

Wir stehen am Beginn eines „Goldenen Zeitalters"

Wir befinden uns gegenwärtig in der bedeutendsten Periode der gesamten Menschheitsgeschichte. Nie zuvor gab es so viele Möglichkeiten für so viele Menschen, so herausragende Ziele zu erreichen wie heute. Wirtschaftsexperten sagen, daß wir am Beginn eines „Goldenen Zeitalters" stehen. Wir haben uns von der materiellen in die mentale Welt hineinentwickelt, in das *Zeitalter des Bewußtseins*. Wohlstand und neue Chancen liegen eher in Ihrer Persönlichkeit und in Ihrer Art zu denken begründet, als in Besitztum und sozialem Umfeld.

Was Sie im Verlauf des Buches erfahren

Weil jeglicher Wohlstand grundsätzlich geistigen Ursprungs ist, gibt es kaum eine Grenze dafür, was Sie für sich selbst erreichen können. Im Verlaufe dieses Buches werde ich Ihnen eine Reihe einfacher, praktischer und zuverlässiger Methoden und Strategien vorstellen, die alle überdurchschnittlich erfolgreichen Menschen, Männer wie Frauen, in jedem Gebiet anwenden – und damit mehr erreichen, als sie oder ihr persönliches Umfeld sich vorher jemals vorstellen konnten. Ich werde Ihnen zeigen, wie Sie die Mauern des beschränkten, konventionellen Denkens einreißen und Ihr Bewußtsein, Ihre Zielvorstellungen so erweitern können, daß Sie wirklich jedes Ziel, das Sie sich gesetzt haben, noch weit übertreffen können.

Es gibt drei treibende Kräfte, die sich wie ein roter Faden durch unsere Welt ziehen, die alles, mit dem sie in

1. Träumen Sie große Träume!

Berührung kommen, grundlegend verändern und dadurch unbegrenzte Möglichkeiten für kreative Menschen zur Verfügung stellen. Es handelt sich dabei um das unglaubliche Wachstum in den Bereichen *Information, Technik* und *Wettbewerb*.

Drei Faktoren, die unsere Welt verändern

Die Revolution auf dem Informationssektor führt in Verbindung mit der Geschwindigkeit der computerisierten Informationsverarbeitung und dem World Wide Web zu einer Verdoppelung des Wissens in nahezu allen Bereichen – und zwar alle zwei bis drei Jahre. Fast neunzig Prozent aller Denker, Erfinder, Ingenieure, Wissenschaftler, Schriftsteller, Unternehmer und Kreativen der verschiedensten Art leben und arbeiten heute, und die Ergebnisse ihrer Arbeit stehen quasi unverzüglich allen anderen zur Verfügung.

Information und Technik

Die explosionsartige Geschwindigkeit, mit der sich die Bereiche Technik und Computer heute entwickeln, ist atemberaubend. Über das Internet können Sie heute eine E-Mail innerhalb von Sekunden rund um die Welt an Hunderte verschiedener Empfänger gleichzeitig verschicken – und all das kostet Sie nur ein paar Pfennige. Das World Wide Web bietet Zugang zu zig Millionen anderen Internet-Nutzern und zum gesammelten Wissen aus über 30.000 Bibliotheken und Forschungsinstituten. Unmittelbare Datenübertragung ermöglicht den internationalen Geldmärkten täglich Billionen von Dollars zu bewegen – manchmal in Sekundenschnelle –, so daß es für die einzelnen Länder unmöglich wird, ihre Währungen zu kontrollieren – geschweige denn ihre Wirtschaft.

Internet und World Wide Web

Ein dritter Faktor ist heutzutage der Wettbewerb. Jedes Individuum und jedes Unternehmen würde gern auf dem weltweiten Markt erfolgreich sein. Um Erfolg zu haben, müssen immer schnellere, bessere, günstigere und einfachere Wege gefunden werden, um dem Kunden etwas Wertvolles zu liefern. Und jeder Fort-

Zunehmender Wettbewerb

1. Träumen Sie große Träume!

schritt an Wissen und Technologien bietet schnellen Wettbewerbern Gelegenheit, sich diese anzueignen, um neue Produkte und Dienstleistungen zu entwickeln und sich auf dem Weltmarkt gegenseitig zu übertreffen.

Die Konsequenz: ein rasanter Wandel

Achtzig Prozent aller Produkte und Dienstleistungen, die Sie in fünf Jahren nutzen werden, werden entweder neu oder ganz anders sein als heute. Wahrscheinlich werden auch achtzig Prozent der Stellenbeschreibungen in fünf Jahren völlig andere Qualifikationsprofile verlangen als heute. Und das Gute daran ist, daß sich durch jede Änderung für Sie neue Gelegenheiten und Möglichkeiten eröffnen, schneller als jemals zuvor Ihre Ziele zu erreichen und weiterzukommen.

Der Faktor Veränderung betrifft alles, was Sie tun

Der wichtigste Einzelfaktor im heutigen Leben ist die Tatsache, daß sich alles verändert, und dies mit zunehmender Geschwindigkeit. Eine Tatsache, über die Sie keine Kontrolle haben und der Sie sich nicht entziehen können. Das einzige, was Sie entscheiden müssen, ist, ob Sie ein *Meister der Veränderung* oder ein *Opfer* sein wollen. Werden Sie „Schöpfer der Umstände" oder ein „Produkt der Umstände" sein? Werden Sie auf den Wellen reiten und immer ein Stück voraus sein, oder werden Sie von allem überrollt und bleiben im Kielwasser zurück? Es geht nur das eine oder das andere – der Einfluß des Wandels wird sich zwangsläufig auf Sie auswirken, ganz gleich, was Sie tun.

Die Entscheidung liegt bei Ihnen

Denken Sie daran: Sie haben immer die Wahl. Die einzige Beschränkung in bezug auf das, was Sie tun, haben und sein können, sind die Grenzen, die Sie bezüglich Ihrer Fähigkeiten und Potentiale für sich selbst akzeptieren. Indem Sie das *Thinking Big* lernen, indem Sie Ihren eigenen Horizont erweitern, werden Sie erfahren, wie Sie Ihrem Leben eine bestimmte Richtung geben und in wenigen Jahren mehr erreichen können, als die meisten Menschen es in einem ganzen Leben schaffen.

1. Träumen Sie große Träume!

Persönlicher Hintergrund

Bevor wir mit dem eigentlichen Inhalt beginnen, lassen Sie mich einige Worte zu meinem persönlichen Hintergrund sagen: In den sechziger Jahren habe ich ohne Abschluß die höhere Schule verlassen. Einige Jahre reiste ich herum und habe als ungelernter Arbeiter gejobbt, bis ich schließlich im Vertrieb gelandet bin. Als Verkäufer habe ich mich monatelang gequält, bis ich endlich an den Punkt kam, der mein ganzes Leben verändert hat.

Was machen erfolgreiche Menschen anders?

Mein großer Durchbruch bestand darin, daß ich erkannte, daß all die Spitzenverkäufer offensichtlich über besondere verkäuferische Fähigkeiten verfügten, die es ihnen ermöglichten, wesentlich schneller zu akquirieren, zu präsentieren, nachzuhaken und Abschlüsse zu erzielen als ich. Also fragte ich einen der Top-Verkäufer, was er denn anders mache, was ihn in die Lage versetzte, so viel zu verkaufen und so viel Geld zu verdienen. Und – er sagte es mir.

Die Erkenntnis, daß alles lernbar ist

Als ich begann, seinen Ratschlägen zu folgen, reagierten meine Kunden anders und meine Verkaufszahlen fingen an zu steigen. Ich fragte andere Spitzenverkäufer nach ihrem Rat und begann, dem zu folgen. Und meine Verkaufszahlen stiegen weiter an. Morgens las ich Bücher über's Verkaufen und probierte die neuen Ideen tagsüber aus. In der Zeit zwischen zwei Terminen hörte ich Cassetten-Trainings, und ich begann, Verkaufstrainings zu besuchen, und notierte alles. Meine Verkaufsergebnisse wurden immer besser. Bald war ich selbst einer der Top-Verkäufer. Ich zog aus meiner kleinen Pension in ein großzügiges Appartement um und fuhr einen eigenen Wagen. Etwas später flog ich in Jets rund um die Welt, aß in feinen Restaurants und übernachtete in erstklassigen Hotels. Und während all dessen lernte ich das Wichtigste überhaupt:

> Du kannst alles lernen, was du brauchst, um jedes Ziel zu erreichen, das du dir selbst setzen kannst.

1. Träumen Sie große Träume!

Das Leben – ein kontinuierlicher Lernprozeß

Das ist zwar keine leicht zu befolgende Regel, aber sie ist leicht zu begreifen. Und auch Sie können alles lernen, was Sie brauchen, um ein Ziel zu erreichen, das Sie sich selbst gesetzt haben. Immer diesem Gedanken folgend, habe ich meine Jobs und Branchen gewechselt. Jedesmal wenn ich in einem neuen Bereich anfing, zog ich los, um alles darüber zu lernen, was ich in Erfahrung bringen konnte, und begann so schnell wie möglich, das Gelernte umzusetzen. Ich hörte sämtliche Cassetten-Trainings und besuchte alle möglichen Seminare. Mit über dreißig Jahren drückte ich noch einmal die Schulbank und erwarb einen betriebswirtschaftlichen Abschluß. Ich wurde süchtig danach, immer weiter zu lernen. Es hat mein Leben verändert.

Die meisten Menschen sind nicht an Veränderung interessiert

Aber was mich am meisten erstaunte, war die Tatsache, daß um mich herum sehr wenige Menschen dasselbe taten wie ich. Die meisten hatten einen Job, den sie nicht mochten, verdienten wesentlich weniger, als ihnen möglich gewesen wäre, hielten an Beziehungen fest, in denen sie sich nicht wohl fühlten, und lebten alles in allem ein unbefriedigendes Leben. Ich erzählte jedem, der es hören wollte, daß er alles lernen kann, was er braucht, um ein Ziel zu erreichen, das er sich selbst setzen kann. Daß es keine Grenzen gibt. Aber nur sehr wenige Menschen schienen zuzuhören. – Als ich feststellte, daß die Menschen um mich herum scheinbar nicht daran interessiert waren, ihre Lage zu verändern, begann ich die Ursachen für ihr Verhalten zu suchen. Und ich fand folgendes heraus:

Erlernte Hilflosigkeit

Seit vielen Jahren schon forscht man nach den psychologischen Regeln von Erfolg und Versagen. Die meisten Untersuchungen kommen zu dem Schluß, daß es hauptsächlich zwei mentale Blockaden gibt, die die Menschen behindern. Die eine nennt *Dr. Martin Seligman* von der Universität Pennsylvania *„Erlernte Hilflosigkeit"*. Seinen Untersuchungen zufolge lassen sich über achtzig Prozent der Bevölkerung durch diese

1. Träumen Sie große Träume!

Einstellung charakterisieren. Die Menschen fühlen sich hilflos und überwältigt von den Dingen, die um sie herum geschehen. Sie haben das Gefühl, nichts tun zu können, um ihr Leben zu verbessern. Ein deutliches Erkennungszeichen erlernter Hilflosigkeit sind die Worte *„Ich kann nicht"*.

Die Komfort-Zone

Die zweite Krankheit, die die Menschen am Fortkommen hindert, wird die *„Komfort-Zone"* genannt. Der Mensch ist ein Gewohnheitstier. Menschen fangen an, etwas zu tun, und bald schon gewöhnen sie sich daran. Nach kurzer Zeit sind sie nicht mehr bereit, diese Gewohnheit wieder aufzugeben oder ihre Lage zu verändern, selbst dann nicht, wenn sie in dieser Situation weder besonders glücklich noch zufrieden sind. Sie werden selbstgefällig, und schließlich bekommen sie regelrecht Angst vor möglichen Veränderungen. Je länger sie auf eingefahrenen Wegen weitergehen, desto schwerer wird es, die Richtung zu wechseln – und so verlieren sie jede Hoffnung auf Veränderung oder Verbesserung ihres Lebens.

Beides zusammen ist fatal

Die Kombination aus *„Erlernter Hilflosigkeit"* und *„Komfort-Zone"* macht Menschen befangen und hilflos, schwach und kraftlos, unfähig, das Ruder zu übernehmen oder eine wirkliche Veränderung herbeizuführen.

Sie können, wenn Sie wollen

Tatsache jedoch ist, daß es keine *reale* Grenze dafür gibt, wieviel Sie aus Ihrem Leben machen. Innerhalb gewisser Grenzen können Sie ebenfalls schaffen, was irgendein anderer auch erreicht hat. Allein die Tatsache, daß Sie sich selbst ein *klares Ziel* setzen können, bedeutet, daß Sie aller Wahrscheinlichkeit nach auch die Fähigkeit haben, es zu erreichen. Wenn Sie einmal zurückblicken, werden Sie feststellen, daß Sie alles, was Sie jemals wirklich lange und hartnäckig genug wollten, letztendlich auch bekommen haben. Sie sind nicht hilflos, und Sie stecken auch nicht in der Komfort-Zone fest – es sei denn, weil Sie es so wollen. Ihr wahres Potential wird einzig und allein durch Ihre eigenen Vorstellungen begrenzt.

1. Träumen Sie große Träume!

Angst und Unwissenheit ... Die beiden Faktoren, die das Gefühl von Hilflosigkeit und Feststecken entstehen lassen, sind *Angst* und *Unwissenheit*. Angst ist schon immer Ihr größter Feind gewesen. Angst und Selbstzweifel halten Sie mehr als alles andere davon ab, große Träume zu haben und Großes zu leisten. Und je weniger Sie über ein bestimmtes Thema wissen, desto mehr Angst haben Sie, etwas Neues, Besseres oder anderes anzufangen.

... versus Verlangen und Wissen Die Gegenpole von Angst und Unwissenheit sind *Verlangen* und *Wissen*. Die einzig wirkliche Beschränkung Ihrer Fähigkeiten liegt in der Intensität Ihres Verlangens. Wenn Sie etwas wirklich wollen, dann können Sie es auch erreichen. Und je mehr Sie über ein bestimmtes Thema lernen, desto mehr wächst das Vertrauen, die Schritte zu tun, die Ihre Ziele wahr werden lassen. In dem Maß, wie Sie Ihr Verlangen und Ihr Wissen steigern, reduzieren Sie die hemmenden Kräfte von Angst und Unwissenheit – und deren Genossen, die erlernte Hilflosigkeit und die Komfort-Zone.

Mut und Vertrauen Mittels Verlangen und Wissen ersetzen Sie Angst und Unwissenheit allmählich durch Mut und Vertrauen. Je mehr Sie über irgend etwas, das Ihnen wichtig ist, lernen, um so mehr Mut entwickeln Sie auch, es zu versuchen, und um so mehr vertrauen Sie darauf, daß Sie es letztendlich auch schaffen können. Und wie *Henry Ford* einmal sagte:

> „Ob du glaubst, daß du etwas kannst, oder glaubst, daß du es nicht kannst: In beiden Fällen hast du wahrscheinlich recht."

Lernen, Selbstverantwortlichkeit, Geist Mein erster Durchbruch war also, zu erkennen, daß ich alles *lernen* kann, was erforderlich ist, um ein Ziel zu erreichen, das ich mir selbst setzen kann. Der zweite Durchbruch kam, als mir klar wurde, daß ich für mich selbst und für alles, was mir passierte, voll und ganz *selbstverantwortlich* war. Daß niemand es für mich über-

1. Träumen Sie große Träume!

nahm und daß die einzigen Grenzen die waren, die mir mein eigenes begrenztes Denken setzte. Und mein dritter Durchbruch war, als ich verstand, daß alle Ursachen geistiger Natur sind. Alles in Ihrer materiellen Welt beginnt mit einem *Gedanken*, der Ihrem Geist entspringt. Wenn Sie außen etwas ändern wollen, dann müssen Sie damit anfangen, innerlich etwas zu verändern.

Die vier mentalen Gesetze

Es gibt vier mächtige geistige Gesetze, die Sie kennen sollten. Und es ist sehr wichtig, daß Sie sich dieser Gesetzmäßigkeiten voll bewußt sind, bevor wir richtig loslegen.

1. Das Gesetz des Glaubens
Was immer Sie wirklich glauben, wird Realität. Wenn Sie Ihren Glauben ändern, ändern Sie Ihre Realität.

Wenn Sie unerschütterlich daran glauben, daß es Ihre Bestimmung ist, außerordentlich erfolgreich zu sein, dann kann nichts auf der Welt Sie davon abhalten, es auch zu sein. Wenn Sie fest davon überzeugt sind, daß Sie ein wertvoller Mensch mit immensen Fähigkeiten sind und daß Sie in Ihrem Leben bemerkenswerte Dinge vollbringen werden, dann kommt der Glaube daran in all Ihrem Handeln zum Ausdruck und wird letztendlich Ihre Realität sein. Ihre größte Aufgabe dabei ist, Ihre inneren Glaubenssätze dahingehend zu ändern, daß sie zu den Umständen, die Sie anstreben, passen. Und genau das ist eines der Hauptziele dieses Trainings.

Innere Glaubenssätze ändern

2. Das Gesetz der Erwartung
Was immer Sie erwarten, wird eintreten. Je zuversichtlicher Sie sind, desto eher wird es geschehen.

1. Träumen Sie große Träume!

Erwartungen weisen den Weg in die Zukunft

Wenn Sie vertrauensvoll erwarten, erfolgreich zu sein, dann werden Sie letztendlich auch erfolgreich sein. Wenn Sie erwarten, glücklich und berühmt zu werden, werden Sie glücklich und berühmt sein. Durch die Art und Weise, wie Sie über Ihre Erwartungen denken, sagen Sie sich kontinuierlich das eigene Schicksal voraus. Sie kreieren Ihre Zukunft durch die innere Einstellung, mit der Sie auf die Dinge zugehen – entweder positiv oder negativ.

3. Das Gesetz der Anziehungskraft

Sie sind wie ein „lebender Magnet", der die Menschen und Umstände anzieht, die in Harmonie sind mit Ihrem Denken.

Begeisterung steckt an

Je mehr Sie an etwas denken und davon begeistert sind, es zu erreichen, desto mehr ziehen Sie es an. Sie werden die Menschen, Umstände, Ideen, Gelegenheiten und Mittel anziehen, die Sie zur Erreichung Ihrer Ziele benötigen. Wenn Sie von sich selbst eine hohe Meinung haben, sich etwas zutrauen, dann ziehen Sie unweigerlich die Kräfte in Ihr Leben, die erforderlich sind, um große Pläne und Ideen Wirklichkeit werden zu lassen.

4. Das Gesetz der Übereinstimmung

Was Sie in Ihrem Inneren denken und fühlen, ist auch außen. Ihr Äußeres ist ein Spiegel Ihres Inneren.

Innen und Außen

Nach dem Gesetz der Übereinstimmung, das alle anderen drei Gesetze verbindet und den Kreis schließt, ist Ihre äußere Welt immer eine Reflektion Ihrer inneren Welt. Anders gesagt: Wohin auch immer Sie sich wenden, da sind Sie. Wohin Sie auch sehen, Sie sehen immer sich selbst. Ihr Wohlstand, Ihre Arbeitsbedingungen, Ihre Beziehungen und Ihre Gesundheit sind ein Spiegelbild dessen, was in Ihrem Inneren vorgeht.

1. Träumen Sie große Träume!

Erfolg beginnt im Kopf

Diese vier geistigen Gesetze – Glauben, Erwartungen, Anziehungskraft und Übereinstimmung – bilden zusammen die Schlüssel, mit denen Sie etwas Wunderbares aus Ihrem Leben machen können. Wenn Sie anfangen, Ihren Horizont zu erweitern und große Träume mit hohen Zielen zu verfolgen, dann verändern Sie Ihre Glaubensmuster, steuern Ihre Erwartungshaltung, aktivieren das Gesetz der Anziehungskraft und bewirken dazu passend übereinstimmende Veränderungen in Ihrem Umfeld. Alle erfolgreichen und glücklichen Menschen haben auch eine erfolgreiche und glückliche innere Einstellung. Alle wohlhabenden, reichen Menschen bauen auf eine innere Haltung von Wohlstand und Reichtum. Alle Menschen, die freundlich, geduldig, sanftmütig und liebevoll sind, die in ihren Familien und mit Freunden ein liebevolles Miteinander genießen, haben ein entsprechendes freundliches und liebevolles Bewußtsein. Und wenn Sie innerlich dieselbe Geisteshaltung wie andere erfolgreiche Menschen entwickeln, dann werden Sie auch die gleichen Ergebnisse und Erfahrungen in Ihrer äußeren Welt erleben.

Schon 1905 sagte *Dr. James* von der Harvard University:

> „Die größte Revolution meiner Generation ist die Entdeckung der Tatsache, daß Menschen durch die Veränderung ihrer inneren Einstellung ihre äußeren Lebensumstände verändern können."

Die Grundannahme dieses Buches

Die grundlegende Annahme dieses gesamten Programmes ist, daß Sie durch konsequente Anwendung einer Reihe wirksamer Übungen und Methoden Ihre mentalen und emotionalen Einstellungen so weit entwickeln können, daß Sie jedes Ziel, das Sie sich selbst vornehmen, auch erreichen. Sie können in sich so viel Vertrauen, Mut, Kraft und Entschlossenheit entwickeln, daß Sie sich jedes nur erdenkliche Ziel vornehmen können – im sicheren Wissen, daß Sie in der Lage sind, alles zu lernen und alles zu tun, was erforderlich ist, um es schließlich zu ver-

1. Träumen Sie große Träume!

wirklichen. Sie werden so ausdauernd und so zielorientiert, daß nichts und niemand Sie mehr aufhalten oder von Ihrem Weg abbringen kann. Sie werden im besten Sinne des Wortes *nicht mehr zu bremsen sein*.

Die meisten Menschen beginnen unter schlechten Voraussetzungen

Bei alledem ist es gut, zu wissen, daß die meisten von uns mit den gleichen, wenig vorteilhaften Voraussetzungen anfangen. Ich zum Beispiel habe mich früher immer selbst bedauert, weil ich ohne Geld und mit wenig Bildung anfangen mußte. Dann aber wurde mir klar, daß die meisten Leute irgendwann ohne Geld anfangen. Später habe ich mich dafür bedauert, keine natürlichen Talente oder Vorteile mitbekommen zu haben. Bis ich darauf kam, daß es bei den anderen genauso war. Alles, was Sie je haben werden, müssen Sie sich selbst erarbeiten. Das ist wie beim Fußballspiel:

> **Wenn Sie den Ball nicht an sich nehmen, dann schießen Sie auch kein Tor.**

Selbstmitleid und Schuldzuweisungen

Als ich damit aufhörte, Entschuldigungen für meine Lage zu suchen, fing ich an, Fortschritte zu machen. Als ich aufhörte, anderen die Schuld zuzuschieben und mich selbst zu bemitleiden, begann ich mein Leben mit anderen Augen zu betrachten. Indem ich mir Ziele setzte und Pläne für deren Verwirklichung machte, indem ich mir das erforderliche Wissen aneignete, wuchs in mir das Gefühl von Stärke und Macht über mein Leben. Und als ich schließlich immer öfter meine Ziele erreichte, so wie Sie die Ihren immer öfter erreichen werden, bekam ich das sichere Gefühl, daß mich nichts mehr aufhalten kann.

Alle erfolgreichen Menschen sind Visionäre

Wenn Sie anfangen, große Träume zu träumen, werden Sie im Verstand und im Herzen erkennen, daß es bald nichts mehr gibt, was Sie aufhalten kann. Denn alles, was Sie in der äußeren Welt erreichen, beginnt mit einem Gedanken. Und je größer Ihre Träume sind, um so größer werden Ihre Resultate sein. Alle besonders erfolg-

1. Träumen Sie große Träume!

reichen Menschen sind *Träumer*. Jeder, der Spitzenleistungen vollbringt, hat nach den Sternen gegriffen. Solche Menschen ließen ihren Gedanken freien Lauf, und die Unendlichkeit des blauen Himmels über ihren Köpfen erinnert sie daran, daß sie alles und jedes sein, haben und tun können, wenn sie es nur wollen.

Das Allerwichtigste beim Träumen großer Träume ist, daß Sie Ihre ideale Vision von der Zukunft *definieren*. Stellen Sie sich zum Beispiel Ihren idealen Lebensstil vor. Stellen Sie sich Ihren idealen Job und Ihr ideales Einkommen vor. Stellen Sie sich vor, wo Sie gerne leben wollen und wie Sie die Tage, Wochen und Monate verbringen möchten. Stellen Sie sich das ideale Familienleben vor und wie Ihr idealer Gesundheitszustand ist.

Visionen definieren

Übung

Nehmen Sie sich ein Blatt Papier und schreiben ganz oben drauf das Wort „Wunschliste". Notieren Sie darunter alles, was Ihnen einfällt, was Sie sich jemals wünschen könnten, wenn es für Sie absolut keine Grenzen geben würde und Mißerfolg ausgeschlossen wäre.

Denken Sie daran: Das größte Hindernis bei der Entfaltung Ihrer Potentiale und Ihrer Vorstellungen in bezug auf Ihre Möglichkeiten sind Ihre eigenen, selbstbeschränkenden Glaubensmuster, Ihre Ängste und Zweifel. *Abraham Maslow*, einer der berühmtesten Psychologen überhaupt, sagte einmal:

Werfen Sie Ängste und Zweifel über Bord

> „Das größte Problem unserer modernen Gesellschaft ist, daß die Menschen sich selbst für zu billig halten."

Wenn Sie für irgendeine vollkommen beliebige Sache eine Erfolgsgarantie hätten, groß oder klein, kurz oder langfristig, was wäre das? Wenn ein Multi-Milliardär Gefallen an Ihnen finden und Ihnen einen Scheck in beliebiger Höhe ausstellen würde, was würden Sie damit tun?

1. Träumen Sie große Träume!

Wenn Sie für jede beliebige Firma arbeiten könnten, welche Art von Firma würde das sein? Wo würde das sein, und was würden Sie dort machen? Wenn Ihre Beziehungen in jeder Hinsicht perfekt sein könnten, wie würden sie aussehen?

Wenn Geld Ihr Ziel ist Sollte *Geld* Ihr Ziel sein, dann vergessen Sie nicht, daß die meisten Menschen, die heute Geld haben, einmal völlig ohne Geld angefangen haben. Die meisten, die heute ganz oben sind, haben einmal ganz unten angefangen. Die meisten Millionäre sind Self-made-Millionäre, Leute, die mit wenig oder nichts angefangen haben und die durch *Thinking Big,* die Fähigkeit, ihren Gedanken freien Lauf zu lassen, das eigene innere Potential freigelegt und außergewöhnliche Dinge erreicht haben. Und fast alles, was irgend jemand vor Ihnen getan hat, das können Sie auch! Also nochmals: Was sind Ihre Ziele? Wovon träumen Sie?

Henry David Thoreau, der amerikanische Schriftsteller und radikale Nonkonformist, schrieb einmal:

> „Haben Sie Ihre Luftschlösser gebaut? Fein, das ist genau da, wo sie gebaut werden sollten. Und nun gehen Sie an die Arbeit, und setzen Sie das Fundament darunter."

Sobald Sie sich erst einmal von Ihrem begrenzten Denken befreit haben wie ein Fesselballon, der seine Leinen losmacht und in den Himmel aufsteigt, können Sie damit beginnen, Ihre Träume und Fantasien in konkrete *Ziele* und spezifische *Aktionspläne* umzuwandeln. Und das ist schon der nächste Schritt zum Erfolg.

1. Träumen Sie große Träume!

In sieben Schritten zum Ziel

Beim Zielesetzen gibt es sieben Schritte, die Sie immer wieder und in jeder Situation nutzen können, um jedes beliebige Ziel zu erreichen. Zusammengenommen bilden diese sieben Schritte eine mächtige Formel, die Ihr Leben fast unmittelbar, nachdem Sie sie anwenden, verändern wird.

Schritt 1:
Entscheiden Sie, was genau Sie wollen.

Ein reelles Ziel ist klar, spezifisch, meßbar und zeitlich gebunden. Ein „Nicht-Ziel" – ein Wunsch oder eine Fantasie – ist etwas, das lediglich im Raum hängt. Bestimmen Sie genau, was Sie in jedem Bereich Ihres Lebens – Beruf, Gesundheit, Familie – erreichen wollen.

Klarheit ist achtzig Prozent des Erfolgs.

Schritt 2:
Schreiben Sie Ihre Ziele auf.

Wenn Sie ein Blatt Papier und einen Stift nehmen und Ihre Ziele aufschreiben, aktivieren Sie die Gesetze der Erwartung, der Anziehung und der Übereinstimmung alle zugleich. Sie verstärken Ihren Glauben und vertiefen Ihre Überzeugung, daß Sie Ihr Ziel erreichen können. Das Aufschreiben des Zieles als solches gibt Ihnen das Gefühl, selbst die Kontrolle und persönliche Macht zu haben, und das verstärkt Ihre Entschiedenheit und Entschlossenheit, wirklich alles Erforderliche zu tun, um Ihr Ziel zu erreichen.

Schritt 3:
Bestimmen Sie den Preis, den Sie bezahlen müssen, um Ihr Ziel zu erreichen.

1. Träumen Sie große Träume!

Machen Sie eine Liste von allem, was Sie tun werden müssen, um Ihr Ziel wahr werden zu lassen. Werden Sie ein wenig früher anfangen, ein wenig mehr arbeiten und etwas länger bleiben müssen? Werden Sie Ihr Wissen und Ihre Fertigkeiten auf den neuesten Stand bringen und zusätzliche Kurse besuchen müssen? Werden Sie den Job, die Branche oder die Karriere wechseln müssen, um wirklich alles zu machen, was Sie tun sollten? Dann schreiben Sie das alles auf!

Alles hat einen Preis

Das Gesetz von Ursache und Wirkung ist das eiserne Gesetz des Universums. Alles hat seinen Preis, und der muß *vollständig* und *im voraus* bezahlt werden. Das „Gesetz von Säen und Ernten" heißt nicht „Gesetz von Ernten und Säen". Sie müssen erst etwas hineintun, bevor Sie etwas herausbekommen. Sie müssen erst geben, bevor Sie entnehmen können. Sie müssen den Preis zahlen, bevor Sie den Lohn genießen können.

Ganz oder gar nicht

Ihre Bereitschaft, alles zu erledigen, was getan werden muß, jeden erforderlichen Preis zu zahlen, jede noch so große Entfernung zurückzulegen und jedes notwendige Opfer zu bringen, ist das wahre Maß dafür, wie sehr Sie Ihr Ziel wirklich anstreben. Viele Menschen sabotieren den eigenen Erfolg, weil sie sich zwar dafür entscheiden, ein gewisses Ziel erreichen zu wollen, und auch bereit sind, einen hohen Preis dafür zu zahlen, aber nicht wirklich bereit sind, den *vollen* Preis zu bezahlen, den das Ziel verlangt. Das wäre so, als möchten Sie ein Handwerksmeister werden und tun alles dafür, machen aber am Ende nicht die Meisterprüfung. Folglich enden Sie damit, nicht zum Ergebnis zu kommen, so wie manch einer einfach sein gesamtes Ziel verfehlt.

Schritt 4:
Strukturieren Sie Ihre Liste ganz genau nach den Aspekten Priorität und Reihenfolge.

1. Träumen Sie große Träume!

Welches sind die wichtigsten Dinge auf der Liste, die Sie erledigen müssen? Was müssen Sie als erstes unternehmen und was als zweites? Welche Punkte auf der Liste sind davon abhängig, daß Sie vorher andere Punkte erfüllt haben?

Schritt 5:
Fangen Sie an!

Wenn Sie sich erst einmal ein Ziel gesetzt, es aufgeschrieben und den Preis, den Sie dafür zahlen müssen, festgelegt haben und Ihr Aktionsplan fertig ist, dann sollten Sie in irgendeiner Weise sofort etwas dafür unternehmen. Selbst wenn es nur ein Anruf oder eine andere Kleinigkeit ist. Schon in der *Bibel* steht geschrieben:

> „Ein Glaube, dem keine Taten folgen, ist wie der Tod."

Schreiten Sie also zur Tat. Es gibt zwar keine Garantie für den Erfolg, doch alle erfolgreichen Menschen haben schon im Vorfeld immer mehr versucht und gewagt als erfolglose Menschen.

Wer wagt, gewinnt

Schritt 6:
Tun Sie jeden Tag etwas, was Sie Ihrem Ziel näher bringt.

Um Ihren Mut, Ihr Vertrauen und Ihre Selbstmotivation zu erhalten, müssen Sie jeden Tag etwas tun, was Ihnen das Gefühl gibt, vorwärtszukommen und Fortschritte zu machen. Und der einzige Weg, um das zu erreichen, ist, sich strikt zu weigern, damit aufzuhören, und immer und immer wieder weiterzumachen.

Schritt 7:
Beschließen Sie von vornherein, nie aufzugeben, wenn Sie sich einmal auf den Weg gemacht haben, bis Sie Ihr Ziel erreicht haben.

1. Träumen Sie große Träume!

Indem Sie sich vorab entscheiden, auf jeden Fall durchzuhalten, egal welche Schwierigkeiten auftauchen, sind Sie, wenn es soweit ist – und das wird aller Wahrscheinlichkeit nach so sein –, bereits innerlich darauf vorbereitet und werden sich, ohne zu zögern, mühelos hindurchpflügen.

Klare Visionen In mehr als 3.300 verschiedenen Studien zum Thema Führungsqualitäten fand man heraus, daß der wichtigste gemeinsame Nenner aller echten Führungspersönlichkeiten eine *klare Vision* ist. Und genau das ist die *Kraftquelle*, die auch Sie hinter Ihre Ziele setzen können.

Übung

Sie sollten Ihre Ziele so klar und lebendig wie möglich visualisieren. Stellen Sie sich Ihre Ziele intensiv vor und lassen Sie das Gefühl in sich aufkommen, als hätten Sie sie bereits erreicht. Visualisieren Sie Ihre Ziele häufig und lassen Sie vor Ihrem geistigen Auge immer wieder einen Film ablaufen, der Ihnen zeigt, wie es ist, wenn Sie Ihre Ziele erreicht haben. Wiederholen Sie diese Visualisierungsübung täglich, so oft Sie daran denken. Und visualisieren Sie Ihre Ziele so lange wie möglich, am besten jeden Abend direkt vor dem Einschlafen.

Erfolg ist in erster Linie ein Bewußtseinszustand Erfolg ist etwas, das Sie sich innerlich erarbeiten. Es ist ein Bewußtseinszustand. Erfolg beginnt in Ihrem Inneren und wird sehr bald von Ihrer Umgebung reflektiert. Durch *Thinking Big*, die Erweiterung Ihrer Horizonte, werden Sie über sich selbst hinauswachsen. Indem Sie Ihre Ziele aufschreiben und Pläne zu ihrer Realisierung machen, nehmen Sie Ihr Schicksal selbst in die Hand. Und indem Sie die Ideen aus diesem Programm anwenden, werden Sie nicht mehr zu bremsen sein – bei allem, was Sie in Angriff nehmen.

Entschlossenheit zur Spitzenleistung

Der zweite Teil, auf den es beim *Thinking Big* ankommt, ist, daß Sie sich sich selbst gegenüber verpflichten, Ihr Bestes zu geben. Früher mußte man hervorragende Leistungen erbringen, um in einem bestimmten Bereich oder Marktsegment an die Spitze zu kommen. Heute aber sind hervorragende Leistungen eine Selbstverständlichkeit. Heutzutage müssen Sie schon hervorragend sein, um überhaupt in den Markt hineinzukommen. Und von da an müssen Sie kontinuierlich besser und besser werden, Woche für Woche und Monat für Monat, nur um mit dem Wettbewerb Schritt halten zu können.

Selbstverpflichtung zur Spitzenleistung

Der Markt bietet nur überdurchschnittliche Erträge für überdurchschnittliche Leistung. Er bringt durchschnittliche Erträge für durchschnittliche Leistung und unterdurchschnittliche Erträge, Arbeitslosigkeit und Bankrott als Lohn für unterdurchschnittliche Leistungen. Das Rennen läuft bereits, und Ihre Wettbewerber sind wesentlich fähiger und entschlossener, als sie es jemals zuvor waren.

Nur Spitzenleistung bringt Spitzenerträge

Die vielleicht wichtigste Eigenschaft von Menschen, die Spitzenergebnisse erzielen, ist *Ehrgeiz*. Sie sehen und denken über sich selbst so, als gehörten sie zur Elite auf ihrem Gebiet – und sie verhalten sich dementsprechend. Sie setzen sich hohe Ziele und arbeiten permanent daran, diese Ziele noch zu übertreffen. Quoten sind für sie ein Minimum, nicht das Maximum. Sie betrachten das, was alle anderen erreicht haben, als Herausforderung, noch besser zu sein. Und das sollten Sie auch tun!

Ehrgeiz

2. Entschlossenheit zur Spitzenleistung

Selbstachtung Das, was Ihre Persönlichkeit ausmacht, ist der Grad Ihrer *Selbstachtung*. Je mehr Sie sich selbst mögen und respektieren, desto besser gelingt Ihnen alles, was Sie anpacken. Und je besser Ihnen alles gelingt, um so mehr mögen und respektieren Sie sich selbst. Das eine verstärkt das andere, und das Ganze ist ein permanenter Kreislauf.

Zwei Seiten einer Medaille Selbstachtung und Effizienz bzw. Leistungsfähigkeit sind zwei Seiten derselben Medaille. Sie können sich nur wirklich selbst mögen und achten, wenn Sie im Grunde Ihres Herzens wissen, daß Sie das, was Sie tun, auch wirklich gut machen. Jede Kleinigkeit, die Ihnen besonders gut gelingt, verstärkt Ihre Selbstachtung und hat zur Folge, daß Sie sich selbst immer besser fühlen und sich in Zukunft noch mehr zutrauen.

Glück und Erfolg Es ist tatsächlich kaum möglich, sehr lange glücklich oder erfolgreich zu sein, wenn Sie nicht im Grunde Ihres Herzens wissen, daß Sie wirklich gut sind in dem, was Sie machen. Sie sollten unverzüglich beschließen, jedes erdenkliche Hindernis zu überwinden, jeden Preis zu bezahlen, um so ein Niveau an Bestleistung zu erreichen. Sie sollten sich zum Ziel setzen, *zu den besten zehn Prozent* auf Ihrem Gebiet zu gehören, und alles Erforderliche tun, um dieses Ziel zu erlangen.

Es ist viel einfacher, als Sie denken Glücklicherweise ist es viel einfacher, als Sie denken, auf Ihrem Gebiet an die Spitze zu kommen. Die überwiegende Mehrheit der Leute denkt nämlich nie über so etwas wie persönliche Spitzenleistung nach. Die meisten Menschen geben sich damit zufrieden, ihren Job mehr schlecht als recht zu erledigen, um danach in die Kneipe zu gehen oder sich vor den Fernseher zu setzen. Wenn Sie allerdings anfangen, besondere Leistungen zu bringen, dann werden Sie bald feststellen, daß Sie sich – wie ein Läufer, der zum Sprint ansetzt – schnell vom Feld der anderen Läufer trennen.

2. Entschlossenheit zur Spitzenleistung

Eine der wichtigsten Ideen des zwanzigsten Jahrhunderts ist das *„Konzept des entscheidenden Vorsprungs"* oder – wie die Amerikaner sagen – *„The Winning Edge"*. Es besagt, daß kleinste Unterschiede in einer Fähigkeit zu völlig anderen Resultaten führen können. Untersuchungen haben immer wieder gezeigt, daß die besten Leute aus allen möglichen Bereichen in entscheidenden Punkten nur ein kleines bißchen besser sind als der Durchschnitt. Tatsächlich brauchen Sie in jedem Kernbereich Ihrer Arbeit nur etwa *drei Prozent besser* zu sein, und diesen Vorsprung zu wahren und auszubauen, bis Sie schließlich zu den zehn oder gar fünf Prozent der Besten in Ihrer Branche aufsteigen.

Das Konzept des entscheidenden Vorsprungs

Das führt uns zu einem weiteren Element, den sogenannten *„kritischen Erfolgsfaktoren"*. Kritische Erfolgsfaktoren sind die Faktoren in Ihrer Arbeit, die Sie unbedingt und absolut beherrschen müssen, um erfolgreich zu sein. Und es gibt selten mehr als fünf bis sieben kritische Erfolgsfaktoren, ganz gleich um welche Aufgabe, Position, Firma oder welchen Verantwortungsbereich es auch gehen mag.

Kritische Erfolgsfaktoren

Im Verkauf gibt es beispielsweise sieben kritische Erfolgsfaktoren:

Beispiel Verkauf

1. die Akquisition neuer Kunden
2. Termine vereinbaren
3. Vertrauen und eine gute Beziehung aufbauen
4. den Bedarf des Kunden ermitteln
5. Ihr Produkt oder Ihre Dienstleistung als die ideale Lösung präsentieren können
6. einen erfolgreichen Abschluß erzielen und
7. das persönliche Selbst- und Time-Management.

2. Entschlossenheit zur Spitzenleistung

Wenn Sie alle sieben Punkte absolut beherrschen, zählen Sie innerhalb kürzester Zeit zu den Spitzenleuten in Ihrem Bereich.

Das schwächste Glied der Kette bestimmt die Gesamtleistung

Kritische Erfolgsfaktoren werden diese Faktoren genannt, weil es kritisch wird, wenn Sie in irgendeinem dieser Punkte Schwächen haben. Diese eine Schwäche wird Sie nämlich von der Umsetzung aller anderen Faktoren abhalten. Ihr schwächster kritischer Erfolgsfaktor bestimmt das Niveau der Gesamtleistung, das Sie in allen anderen Punkten erreichen. Oder anders gesagt: Das schwächste Glied in der Kette bestimmt die Gesamtleistung.

Sie werden beginnen, auf Ihrem Gebiet absolut außergewöhnliche Leistungen zu erbringen, wenn Sie zunächst herausfinden, welches *Ihre kritischen Erfolgsfaktoren* sind. Folgende Übung kann Sie dabei unterstützen:

Übung

Bestimmen Sie zunächst fünf bis sieben kritische Erfolgsfaktoren, die für den Erfolg Ihrer Arbeit absolut ausschlaggebend sind. Schreiben Sie sie klar und deutlich auf. Dann geben Sie sich Noten auf einer Skala von eins bis zehn, wobei eins denkbar schlecht und zehn optimal ist. Überall da, wo Sie sich mit sieben oder niedriger einstufen, müssen Sie etwas tun, um besser zu werden. Erstellen Sie einen Plan, nach dem Sie sich in allen Punkten Schritt für Schritt verbessern. Beginnen Sie damit, zunächst den schwächsten kritischen Erfolgsfaktor so schnell wie möglich auf der Notenskala nach oben zu bringen.

1. _____

2. _____

3. _____

4. _____

2. Entschlossenheit zur Spitzenleistung

5. _____
6. _____
7. _____

Jeder Schritt, den Sie diesbezüglich unternehmen, führt dazu, daß Sie in Ihrem Beruf immer besser und besser werden. Und je besser Sie werden, desto mehr werden Sie sich selbst mögen und achten, desto mehr Energie und Begeisterung werden Sie erleben, und um so weniger kann Sie noch irgend etwas aufhalten.

Selbständigkeit

Manchmal frage ich meine Seminarteilnehmer: „Wer von Ihnen ist selbständig?" Normalerweise heben zehn bis fünfzehn Prozent der Anwesenden die Hand. Dann frage ich noch einmal: „Wer von Ihnen hier im Raum ist wirklich selbständig?" Und dann warte ich. – Es dauert nicht lange. Die Leute schauen sich gegenseitig an, dann zu mir und wieder zueinander, und bald hebt sich eine Hand nach der anderen. Am Ende hat dann fast jeder im Raum seine Hand oben. Nach kurzem Nachdenken wird jedem klar, daß wir alle *selbständig* sind.

Sie arbeiten immer für sich selbst

Der größte Fehler, den Sie machen können, ist zu denken, daß Sie für irgend jemand anderen als für sich selbst arbeiten – unabhängig davon, wer Ihren Scheck unterschreibt. Sie arbeiten immer für sich selbst. Sie sind der Chef Ihres ganz persönlichen Dienstleistungsunternehmens mit genau einem Angestellten: Sie selbst. Als Ergebnis dessen, was Sie leisten oder auch nicht, bestimmen Sie – langfristig gesehen – selbst, wieviel Sie verdienen. Wenn Sie also eine Gehaltserhöhung wollen, dann stellen Sie sich vor den nächsten Spiegel und verhandeln Sie mit Ihrem „Boß".

Manchmal wollen die Leute mit mir darüber streiten. Sie erklären etwa, daß die Höhe der Gehälter in ihrer Bran-

2. Entschlossenheit zur Spitzenleistung

Keine Zeit mit Klagen verschwenden

che von Faktoren bestimmt wird, auf die sie keinen Einfluß haben. Ich weise dann immer darauf hin, daß sie selbst entschieden haben, in dieser Branche tätig zu werden. Und daß sie selbst ja auch entscheiden, dazubleiben. Wenn es in Ihrem Arbeitsleben etwas gibt, das Ihnen nicht gefällt, dann verschwenden Sie keine Zeit damit, sich darüber zu beklagen. Unternehmen Sie lieber etwas! Oder, wie es im *Hamlet* von *Shakespeare* heißt: „*Take arms against a sea of troubles, and in so doing, end them.*" („Sich waffnend gegen eine See von Plagen, durch Widerstand sie enden.")

Sie sind der Boß!

Wenn Sie sich selbst als Chef Ihres eigenen, persönlichen Dienstleistungsunternehmens sehen, müssen Sie die volle Verantwortung für alles übernehmen, was Sie sind und jemals sein werden. Für die meisten Menschen ist das übrigens ein unvorstellbarer Gedanke. Er ist gleichsam beängstigend wie atemberaubend. Stellen Sie sich vor:

> Sie sind da, wo Sie sind, und das, was Sie sind, weil Sie es so entschieden haben! Alles, was Sie für den Rest Ihres Lebens zustande bringen, wird einzig und allein davon abhängen, was Sie tun oder unterlassen. Sie allein sind verantwortlich, Sie sind am Zug. Sie haben es in der Hand. Sie sind Ihr eigener Chef. Und Ihnen sind keine anderen Grenzen gesetzt als die, die Sie sich selbst und Ihrem Denken von Ihrer Umwelt vorschreiben lassen.

Persönliche Strategieplanung

Wenn Sie beginnen, sich selbst als persönliches Dienstleistungsunternehmen zu betrachten, dann fangen Sie auch an, im Sinne einer persönlichen Strategieplanung zu denken. Es gibt viele Parallelen zwischen einer Unternehmensplanung und der persönlichen Planung. Sinn und Zweck strategischer Planung ist für ein Unternehmen, die höchstmögliche Rendite für das eingesetzte Kapital zu erzielen. Alle strategischen Pläne und Taktiken zielen darauf ab, die Ressourcen und Akti-

2. Entschlossenheit zur Spitzenleistung

vitäten des Unternehmens so zu organisieren, daß das Unternehmen höhere Erträge erwirtschaftet als vorher.

Betriebswirtschaftlich spricht man zum Beispiel von Kapitalrendite. Ihre *persönliche Kapitalrendite* müßte man eigentlich als Energierendite bezeichnen. Persönliche Strategieplanung bedeutet, daß Sie Ihr Leben organisieren und reorganisieren, Ihre Aktivitäten umstrukturieren und neu planen, um das Ausmaß an Befriedigung und Entlohnung zu steigern, das Sie für den Einsatz Ihrer Lebensenergie erhalten.

Ihre persönliche Kapitalrendite

Was, glauben Sie, ist der kritische Faktor, der über Erfolg und Mißerfolg jedes Unternehmens entscheidet? Die Antwort ist: der *Wettbewerbsvorteil*, oder auch: der Bereich, in dem die Firma unschlagbar ist. Jede Firma entsteht, weil sie dem Markt etwas bieten kann, was besser ist als das, was die Wettbewerber anbieten.

Bei Ihnen ist das nicht anders. Als Chef Ihrer Ein-Mann-Firma müssen auch Sie einen bedeutsamen Wettbewerbsvorteil entwickeln und aufrechterhalten. Sie müssen einen Bereich aufbauen, in dem Sie einzigartig sind. Sie müssen bei der Arbeit, die Sie tun, absolut Spitzenklasse sein, um auf Ihrem Gebiet an die Spitze zu kommen. Und die Auswahl und Entscheidung darüber, was Ihr Wettbewerbsvorteil sein und bleiben soll, definiert gleichzeitig die kritischen Faktoren Ihres finanziellen Erfolges im Berufsleben. Dazu eine kleine Übung für Sie.

Ihr persönlicher Wettbewerbsvorteil

Übung

Vervollständigen Sie doch einmal den folgenden Satz:

„Wenn ich im _____ richtig gut wäre, könnte ich soviel Geld verdienen, wie ich nur wollte."

Welche Fähigkeit würde, wenn Sie sie hätten und ausgezeichnet beherrschten, den größten Einfluß auf Ihr Einkommen haben? Wenn Sie einen Wunsch frei hätten

Ihr kritischer Erfolgsfaktor

2. Entschlossenheit zur Spitzenleistung

und mit einem Mal in einem bestimmten Teil Ihrer Arbeit unschlagbar sein könnten, welchen Teil würden Sie wählen? – Genau das ist *Ihr kritischer Erfolgsfaktor*, an dem Sie ab sofort arbeiten sollten.

Zero-Based-Thinking Es gibt verschiedene Konzepte zur persönlichen Strategieplanung, die tatsächlich Ihr Leben verändern. Eines ist das, was man in der Wirtschaft *„Zero-Based-Thinking"* nennt, das Denken von der Null-Linie aus. Ziehen Sie einen Strich unter all Ihre Aktivitäten. Stellen Sie sich vor, Sie fangen ganz von vorn an.

Übung

Beantworten Sie sich folgende Frage: Gibt es irgend etwas in Ihrem Leben, das Sie mit Ihrem heutigen Wissensstand gar nicht erst anfangen oder nicht wieder tun würden, wenn Sie noch einmal vor der Entscheidung stünden?

_____

_____

Das ist überhaupt eine der wichtigsten Fragen, die Sie immer wieder für sich nutzen sollten. Denn um beweglich zu bleiben und mit den rasanten Veränderungen unserer Welt Schritt zu halten, müssen Sie Ihre Entscheidungen ständig neu überdenken. Wo sich die Welt und die Umstände ändern, ändern sich auch die Antworten.

Kennen Sie diesen Erfolgsgrundsatz?

Wenn ein Pferd tot ist, dann steige ab!

Vier strategische Variablen Als Chef Ihres eigenen, persönlichen Dienstleistungsunternehmens wissen Sie, daß es vier strategische Variablen gibt, mit deren Hilfe Sie sich selbst und Ihre Dienstleistung vermarkten können. Davon, wie effektiv Sie

2. Entschlossenheit zur Spitzenleistung

jede einzelne einsetzen, hängt Ihr Einkommen und Ihre gesamte Zukunft ab. Das sind:

1. Spezialisierung
2. Differenzierung
3. Segmentierung und
4. Konzentration.

Mit *Spezialisierung* ist gemeint, daß Sie ganz genau festlegen, was Sie tun werden, und dies besonders gut machen. Alle wirklich erfolgreichen Leute genießen den Ruf, sehr, sehr gute Spezialisten auf ihrem Gebiet zu sein. Sie versuchen weder, es jedem recht zu machen, noch ein „Alleskönner" zu sein. Ein erfolgreicher Verkäufer wird sich darauf spezialisieren, einem bestimmten Typ von Kunden ein ganz spezielles Produkt oder eine Dienstleistung zu verkaufen.

Spezialisierung

Übung
Also – was ist Ihr Spezialgebiet? Was wird es in Zukunft sein? Was sollte es sein, wenn Sie auf Ihrem Gebiet an die Spitze kommen wollen? Was könnte es sein, wenn Sie einmal kurz innehalten und noch größere Träume träumen, Ihre Ziele noch etwas höher ansetzen?

Das zweite strategische Instrument ist das der *Differenzierung*. Differenzierung definiert sich als die Art, in der Sie sich von allen anderen unterscheiden, die auf Ihrem Gebiet etwas Ähnliches anbieten. Statt Differenzierung können wir auch *Alleinstellungsmerkmal* sagen, denn das ist der Bereich, in dem Sie unschlagbar sind, der Bereich, der Ihren Wettbewerbsvorteil, Ihre Einzigartigkeit darstellt.

Differenzierung

2. Entschlossenheit zur Spitzenleistung

Übung
Stellen Sie sich vor, ein sehr wichtiger, potentieller Kunde würde Sie fragen: „Wodurch unterscheidet sich Ihr Produkt eigentlich von anderen, was ist daran besser oder weiter entwickelt?" Was würden Sie dann antworten? Welche einzigartigen Fähigkeiten zeichnen Sie aus, durch die Sie jedem anderen überlegen sind, der sich für die gleiche Aufgabe anbietet?

Segmentierung Der dritte strategische Bereich ist die *Segmentierung*, die Einteilung Ihrer Märkte in verschiedene Segmente, wie etwa bestimmte Kundenzielgruppen. Segmentierung dient dazu, die Kundengruppe zu identifizieren, die von Ihrem Spezialgebiet und Ihrem Alleinstellungsmerkmal den größten Nutzen hat.

Durch Segmentierung identifizieren Sie Ihren idealen Kunden. Wer ist das? Wo ist er? Was haben die Kunden gemeinsam? Alter, berufliche Stellung, Einkommen, Bildungsgrad, soziales Umfeld und so weiter können zur Charakterisierung genutzt werden. Jedes Marketing konzentriert sich heute auf Nischen und Mini-Nischen. Verkauf und Marketing arbeiten zusehends persönlicher und individueller und konzentrieren sich auf neue Kunden mit ganz bestimmten Qualitäten und Merkmalen.

Übung
Wer sind Ihre Kunden? Wer hat von Ihrem Produkt oder Ihren einzigartigen Fähigkeiten den größten Nutzen? Beschreiben Sie Ihre Zielgruppe so detailliert wie möglich.

---

2. Entschlossenheit zur Spitzenleistung

Der letzte Teil Ihrer strategischen Planung ist das Prinzip der *Konzentration*. Das ist Ihre Fähigkeit, all Ihre Energien und Stärken zu bündeln und sie konzentriert auf diejenigen Kunden zu richten, die Ihnen größte Erfolgschancen in der kürzesten Zeit versprechen.

Konzentration

Die Berater bei Dunn & Bradstreet in den USA haben über fünfzig Jahre lang eine Reihe von Unternehmen, erfolgreiche und erfolglose, beobachtet und kamen zu einer einzigen Schlußfolgerung: *Unternehmen scheitern wegen „niedriger Verkaufszahlen", und sie sind erfolgreich wegen „hoher Verkaufszahlen".* Alle anderen Faktoren sind nur zweitrangige Erklärungsversuche.

Als Chef Ihrer ganz persönlichen Dienstleistungsfirma ist es Ihr Job, sicherzustellen, daß die Verkaufszahlen Ihrer persönlichen Dienstleistungen so hoch sind wie nur irgend möglich. Das heißt, Sie müssen sich spezialisieren, eine Alleinstellung erreichen, segmentieren, also Zielgruppen bilden, und sich auf einen Bereich konzentrieren. Sie sollten in ein oder zwei Dingen so herausragend werden, daß der Markt dafür zu zahlen bereit ist, und in diesen ein oder zwei Bereichen sollten Sie permanent besser und besser werden.

Übung

Welches sind die Bereiche, auf die Sie sich konzentrieren wollen? Überlegen Sie kritisch, ob diese Märkte auch bereit sind, für Ihre Dienstleistung zu bezahlen.

_____

_____

Das führt uns zu einem der wichtigsten Aspekte des *Thinking Big* in bezug auf jeden Teil Ihres Lebens. Und der lautet:

2. Entschlossenheit zur Spitzenleistung

> Erfolgreiche Leute machen das, was sie ausgesprochen gerne tun.

Wie finden Sie Ihren idealen Beruf?

Sie arbeiten vor allem, weil es ihnen Freude macht. Selfmade-Millionäre sagen fast immer, daß ihr Erfolgsgeheimnis darin besteht, daß sie herausgefunden haben, was ihnen am meisten Spaß macht. Ihr Ziel sollte ebenfalls sein, sich den idealen Beruf auszuwählen – den, der Ihnen am meisten Freude, Befriedigung und Anerkennung einbringt – und dann all Ihre Energien konzentriert darauf zu richten, in genau diesem Bereich absolute Spitzenklasse zu werden. Die Frage ist nur: Wie machen Sie das?

Jeder Mensch hat einzigartige Fähigkeiten

Tatsache ist, daß Sie *außergewöhnlich* sind. Es gibt niemanden, der dieselbe einzigartige und bemerkenswerte Kombination aus Erfahrungen, Ideen, Gedanken, Gefühlen, Erziehung und Vorstellungen ins Leben trägt, wie Sie. Sie sind ein unglaubliches Meisterwerk, das nur darauf wartet, ans Tageslicht zu kommen.

Wo liegen Ihre natürlichen Fähigkeiten?

Ihr Schlüssel zum Erfolg liegt nun darin, herauszufinden, was Ihre natürlichen Fähigkeiten sind, und diese angeborenen Talente zu entwickeln. Um dies herauszufinden, betrachten Sie einfach Ihr bisheriges Leben.

Übung

Welche Art von Aktivitäten hat Ihnen bisher die besten Ergebnisse und am meisten Anerkennung eingebracht? Als Sie in der Schule waren, welche Fächer haben Sie da am meisten interessiert? Was haben Sie zwischen Ihrem siebten und vierzehnten Lebensjahr am liebsten gemacht? (Wenn Sie sich nicht daran erinnern können, fragen Sie Ihre Eltern.)

_____

_____

2. Entschlossenheit zur Spitzenleistung

Sie werden immer dort die besten Leistungen bringen, wo Sie etwas tun, das Sie fasziniert, das Ihre Aufmerksamkeit gefangenhält, das Ihr natürliches Interesse wie von selbst weckt. Ein Zeichen dafür, ob etwas „das Richtige" für Sie ist oder nicht, ist Ihr Verlangen danach, mehr darüber zu erfahren. Egal auf welchem Gebiet Ihre natürlichen Talente liegen, Sie werden immer Freude daran haben, etwas darüber zu lesen, darüber zu sprechen und mehr zu erfahren. Außerdem werden Sie insbesondere die Menschen bewundern, die auf dem Gebiet erfolgreich sind, das auch ideal zu Ihnen passen würde.
Natürliches Interesse, Faszination, Bewunderung

Dale Carnegie hat einmal geschrieben: *„Sag mir, was einem Menschen das stärkste Gefühl davon vermittelt, wichtig und bedeutend zu sein, und ich sage dir seine Lebensphilosophie."* Was vermittelt Ihnen das stärkste Gefühl, wichtig und bedeutend zu sein? Was läßt Ihr Selbstwertgefühl steigen, wenn es Ihnen gut gelingt?
Was steigert Ihr Selbstbewußtsein am meisten?

Auch *Napoleon Hill* sagte, daß eines der großen Erfolgsgeheimnisse sei, festzustellen, was man am liebsten macht, und dann einen Weg zu finden, damit einen guten Lebensunterhalt zu verdienen. Die meisten Menschen machen es genau andersherum. Sie machen das, was sie glauben tun zu müssen, um das Geld und die Zeit zu haben, das zu tun, was sie wirklich tun wollen. Ihr Ziel sollte sein, diese Reihenfolge umzukehren. Sie sollten genau das tun, was Sie wirklich wollen und gerne machen, so daß Sie immer besser darin werden.
Machen Sie aus Ihrem Hobby ein lukratives Geschäft

Zum *Thinking Big* gehört Mut als eine der wichtigsten Eigenschaften, die Sie brauchen. Geht es darum, eine Arbeit zu tun, die Sie wirklich gerne machen, dann brauchen Sie genügend Mut, der Tatsache ins Gesicht zu sehen, daß Sie jetzt vielleicht *nicht* das tun, was Sie eigentlich tun sollten. Viele Leute nehmen den erstbesten Job an, der ihnen angeboten wird, und das beginnt schon, wenn sie ins Berufsleben einsteigen. Sie machen das, was ihnen aufgetragen wird, und begeben sich
Mut gehört dazu

2. Entschlossenheit zur Spitzenleistung

damit in die Abhängigkeit von den Erwartungen derer, die ihren Gehaltsscheck unterschreiben. Wenn solche Leute nicht aufpassen, dann vergeht die Zeit, und sie verlieren das Kind aus den Augen, das mit all seinen Potentialen und Möglichkeiten in ihnen steckt.

Eine kleine Anekdote

Joseph Campbell, ein alter Mythologie-Professor, hat in einer Fernsehsendung einige Monate vor seinem Tod eine schöne Geschichte erzählt. Sie spielte sich in einem kleinen Lokal ab, in dem seine Frau und er Stammgäste waren. Eines Tages kam ein fremdes Ehepaar zusammen mit seinem achtjährigen Sohn zum Abendessen herein. Während des Essens sagte der Junge, daß ihm das Essen nicht schmecke und daß er es nicht essen mag. Der Vater wurde unheimlich wütend und bestand darauf, daß er es gefälligst aufessen solle, ob er es nun mag oder nicht. Aber der Junge weigerte sich und sagte: „Ich will das hier nicht essen!" Daraufhin explodierte der Vater vor Zorn und schrie: „Du willst nicht? Wen interessiert schon, was du willst? Ich habe in meinem ganzen Leben nicht gemacht, was ich wollte!"

Seinem Herzen folgen

Der Professor wies darauf hin, daß es den meisten Menschen genauso geht. Sie haben das Gefühl, ihr ganzes Leben damit verbracht zu haben, das zu tun, was andere wollten, nur weil sie nie den Mut hatten, das zu tun, was sie selbst wollten. Und er sagte, daß der Schlüssel zu Glück und Erfolg im Leben darin liegt, „seiner eigenen Seligkeit zu folgen". Der Schlüssel sei, das zu tun, was man am allerliebsten tut.

> Das, wonach Ihr Herz verlangt, ist genau das, wofür Sie hier auf diese Welt gekommen sind.

Glück und Zufriedenheit

Dies kann etwas sein, das Sie vielleicht schon jahrelang angezogen hat. Vielleicht haben Sie niemals irgend jemandem davon erzählt. Vielleicht hatten Sie im Grunde Ihres Herzens Angst vor den enormen Veränderungen, die Sie vornehmen müßten, um dem

2. Entschlossenheit zur Spitzenleistung

Ruf Ihres Herzens zu folgen. Aber – Sie werden niemals wirklich glücklich und niemals wirklich zufrieden sein, wenn Sie sich nicht gestatten, diesem Ruf zu folgen und sich mit ganzem Herzen dieser einen Sache zu verschreiben – was auch immer es sein mag!

Überlassen Sie nichts dem Zufall. Hoffen Sie nicht auf ein Wunder oder auf das plötzlich hereinbrechende Glück. Erkennen Sie, daß Sie sich selbst darum kümmern müssen, wenn Sie wollen, daß etwas passiert. **Warten Sie nicht auf ein Wunder**

Und weil Sie davon ausgehen können, daß Sie für den Rest Ihres Lebens ohnehin irgend etwas arbeiten müssen, beschließen Sie besser von vornherein, etwas zu tun, was Sie so richtig gerne tun. Sie werden alles erreichen, wenn Sie sich an Ihren einzigartigen Fähigkeiten und Talenten orientieren, wohin die auch führen mögen. Arbeiten Sie nur an etwas, das Sie genießen, mit Menschen, die Sie mögen, und an Dingen, die etwas in dieser Welt bewirken. **Gleich das Richtige tun**

Die Macht des Wissens

Jeder Mensch ist ein potentielles Genie

Sie sind ein potentielles Genie. Ihr faszinierendes Gehirn hat mehr als 100 Milliarden Zellen, und jede einzelne davon ist mit 20.000 anderen Zellen verbunden. Alle Kombinationen zusammengerechnet ergeben eine Zahl, die größer ist als die Zahl aller Moleküle unseres Universums. Damit haben Sie die Kapazität, mit unglaublicher Geschwindigkeit zu lernen und mehr Informationen zu behalten, als Sie sich vorstellen können. Man sagt, wenn ein gebildeter Mensch stirbt, ist das so, als ob eine ganze Bibliothek niederbrennt.

Die Schnelligkeit der Veränderungen

Im zwanzigsten Jahrhundert konnten wir Veränderungen mit unvorstellbarer Geschwindigkeit beobachten. So lebten im Jahr 1900 noch fünfzig Prozent der amerikanischen Bevölkerung auf Farmen und produzierten Nahrungsmittel für die restlichen fünfzig Prozent, die in den Städten lebten. Heute leben weniger als drei Prozent der Bevölkerung auf Farmen und produzieren nicht nur ausreichend Nahrung für Amerika, sondern immense Überschüsse, die in die ganze Welt exportiert werden.

Der Beginn des Kommunikations-Zeitalters

Wir haben uns aus dem Zeitalter der Landwirtschaft über das industrielle Zeitalter zum Zeitalter der Dienstleistung und in das Informations-Zeitalter hineinbewegt und betreten nun das Zeitalter der Kommunikation. Heute sind nicht mehr Land, Arbeit und Kapital die grundlegenden Faktoren für Wertschöpfung, sondern es sind *Wissen*, *Information* und *Ideen*.

3. Die Macht des Wissens

> Das größte Vermögen, das Sie je besitzen können, liegt zwischen Ihren Ohren. Es ist praktischerweise tragbar, sehr anpassungsfähig, nahezu unbegrenzt veränderbar und ausbaufähig – wenn man nur weiß, wie man es macht.

Der reichste Mann Amerikas und gleichzeitig einer der reichsten Männer der Welt ist *Bill Gates*. Das Unternehmen von Bill Gates, *Microsoft,* ist einzig und allein auf der Leistungsfähigkeit des Gehirns aufgebaut, auf der Fähigkeit, Informationen im Computer digital zu verarbeiten und zu kombinieren und sie von einem Computer zum anderen via Telefon und Satellit zu übertragen.

Beispiel Microsoft

Wenn Sie eine Firma haben, dann nehmen Sie Ihre wichtigste Kapitalanlage jeden Tag mit nach Hause. Ihr Firmengebäude könnte bis auf die Grundmauern abbrennen, aber solange Ihre Mitarbeiter den Flammen entkommen, könnten Sie jederzeit auf der anderen Straßenseite Ihre Firma neu aufbauen. Die wichtigsten Kapitalanlagen jeder Organisation, und insofern auch die jedes Individuums, liegen im Denken, in der *Brainpower*, und nicht in körperlicher Kraft.

Die wichtigsten Kapitalanlagen eines Unternehmens liegen in der Brainpower

Die wichtigste Quelle zur Schaffung von Werten ist heute das Wissen. Und da Sie sich soviel Wissen aneignen können, wie Sie wollen, aus jeder möglichen Quelle, können Sie auch unbegrenzt viele Werte sammeln oder schaffen. Sie können genau da anfangen, wo Sie gerade sind, und beginnen, Ihre mentalen Kapitalanlagen, Ihre Leistungsfähigkeit und Ihr Einkommen zu vergrößern.

Wissen als Wert

Ihre Fähigkeit, das Potential Ihres Gehirns zu nutzen und Ihre kreativen Kräfte freizusetzen, ist ausschlaggebend für Ihren Erfolg. Und glücklicherweise wissen wir heute genauer als jemals zuvor, wie Sie mehr daraus machen können.

Wie Sie Ihre Potentiale nutzen

3. Die Macht des Wissens

Die richtige Information zur richtigen Zeit am richtigen Ort

Im vorangegangenen Kapitel haben wir über das *Konzept des entscheidenden Vorsprungs* und über *kritische Erfolgsfaktoren* gesprochen. Übertragen auf Ihre mentalen Fähigkeiten, bedeutet das, daß selbst kleinste Unterschiede in der Art zu denken zu einem riesigen Unterschied im Ergebnis führen können. Eine bestimmte Information zur richtigen Zeit am richtigen Ort kann Sie in die Lage versetzen, in einer bestimmten Situation einen außergewöhnlich großen Erfolg zu erreichen.

Erfolgreiche Menschen investieren in ihre geistige und mentale Weiterentwicklung

Heute sind die erfolgreichsten Menschen solche, die ständig an sich selbst arbeiten, in ihre Weiterbildung investieren und ihre mentalen Kräfte entwickeln. Sie haben insofern ein anpassungsfähigeres Wesen, weil sie immer offen sind für neue Informationen und neue Denkansätze. Der größte Fehler, den viele Leute machen, ist, zu glauben, daß das, was sie zu einem bestimmten Thema wissen, das Wichtigste sei, was man darüber wissen muß. Manchmal denken sie sogar, es sei alles, was man überhaupt darüber wissen kann.

Die Intelligenz-Falle

Sie tappen in die sogenannte *„Intelligenz-Falle"* des unbewußt Unwissenden. So jemand weiß gar nicht, daß er nicht weiß, was er nicht weiß. Er ist sozusagen ein hoffnungsloser Fall. Der Anfang aller Weisheit liegt in dem Bewußtsein, wie unwissend wir in Wirklichkeit sind.

Die Alleswisser

Manchmal frage ich die Teilnehmer meiner Seminare, ob unter den Anwesenden einer vom Typ „Ich weiß doch schon alles" ist. Natürlich hebt niemand die Hand. Dann erkläre ich, was so ein Alleswisser eigentlich ist: Ein „Alleswisser" ist eine Person, die das Gefühl hat, auf ihrem Gebiet praktisch alles zu wissen, was man darüber wissen sollte. Und woher wissen Sie, ob Sie nicht auch schon zum „Alleswisser" geworden sind? Das ist einfach! Sie haben aufgehört, zu lernen und in Ihrem Spezialgebiet weiter zu wachsen. Sie haben aufgehört, zu lesen, Cassetten-Trainings zu hören und Seminare zu besuchen. Wenn Sie einfach aufhören, immer neue

3. Die Macht des Wissens

Informationen über Ihr Wissensgebiet zu suchen, sind Sie bereits unbewußt oder versehentlich in die Intelligenz-Falle der Verlierer geraten. Sie sind unwissentlich zum „Alleswisser" geworden.

Albert Einstein stellte einmal einer Abschlußklasse der Physikstudenten an der Universität Princeton in den USA eine anspruchsvolle Prüfungsaufgabe. Auf dem Rückweg ins Büro fragte ein Assistent, der das Diplom bereits hatte, seinen berühmten Professor: „Doktor Einstein, war das nicht dieselbe Prüfungsaufgabe, die Sie auch der Physikklasse im letzten Jahr gegeben haben?" Einstein nickte und sagte: „Ja, es ist dieselbe Aufgabe wie letztes Jahr." Der Assistent nahm seinen ganzen Mut zusammen und fragte weiter: „Aber wie können Sie zwei Jahre hintereinander dieselbe Prüfungsaufgabe stellen?" „Weil", antwortete Einstein, „sich im Laufe des letzten Jahres die Antworten geändert haben."

Die Antworten ändern sich

Diese Geschichte ist sehr wichtig. Sie erinnert daran, daß sich die Antworten auf Ihrem Gebiet ändern, während die Zeit vergeht. Was vor einem Jahr gestimmt hat, stimmt heute vielleicht nicht mehr, und was heute richtig ist, gilt in einem Jahr vielleicht nicht mehr. Der einzige Weg, um sicher zu sein, daß Sie in Ihrem Bereich ganz vorne stehen, liegt darin, permanent neue Informationen aufzunehmen und sie mit den aktuellen zu vergleichen.

Sie brauchen permanent neue Informationen

Der österreichische Managementautor *Peter Drucker* entdeckte, daß die bedeutendsten Durchbrüche im Geschäftsleben das Resultat *„unverhofften Erfolges oder unerwarteten Mißerfolges"* sind. Drucker erklärt dazu: Wenn in ihrem Arbeitsbereich etwas Unübliches oder Unerwartetes geschieht, dann wird dies von einer Person mit durchschnittlicher Intelligenz als zufälliges Ereignis oder Mißgeschick abgetan. Ein überdurchschnittlich intelligenter Mensch jedoch betrachtet jedes unerwartete Ergebnis als Zeichen eines zugrundeliegenden Trends oder als Hinweis auf etwas, das kommt.

Zufall oder Hinweis auf neuen Trend?

3. Die Macht des Wissens

Seien Sie offen und wach für Veränderungen!

Genauso könnte auch in Ihrem Umfeld jede Veränderung ein Indikator für einen Trend sein, der Ihnen Glück und Erfolg bringen kann. Sie sollten offen sein, wach und aufmerksam, bereit dazu, diese Veränderungen zu erkennen. Sie sollten sich immer wieder bewußt machen, daß nichts so bleibt, wie es ist, und daß all Ihre wirklich guten Gelegenheiten sich daraus ergeben, daß Sie Ihre Brainpower, Ihr Wissen und Ihr Vorstellungsvermögen ständig auf neue Produkte und Dienstleistungen anwenden.

Psychosklerose und Homöostase

Es gibt zwei maßgebliche Faktoren, die Ihrem Durchsetzungsvermögen im Weg stehen. Wir nennen sie *„Psychosklerose"* und *„Homöostase"*. Psychosklerose ist ein anderes Wort für das Festhalten an bestimmten Einstellungen. Es ist eine Art von Geisteshaltung, in der ganz bestimmte Einstellungen so fest eingenistet sind, daß sie allen Änderungsversuchen hartnäckig widerstehen. So etwas nennt man auch *mechanisches Denken*. Es ist Ihre Bequemlichkeitszone.

Die Bereitschaft, sich von alten Vorstellungen zu lösen

Erfolgreiche Leute jedoch halten ihren Geist immer offen für neue Informationen. Sie weigern sich schlicht, ihre Ideen in einen Stein zu meißeln. Sie wollen wissen, *was richtig ist,* und nicht, wer recht hat. Sie sind bereit, alte Vorstellungen aufzugeben, wenn jemand kommt und ihnen zeigt, daß eine neue Idee mehr Beachtung verdient. Sie ziehen die richtige Idee dem Rechthaben vor.

Strukturierte Fragen statt übereilte Problemlösungen

Eine weitere Qualität erfolgreicher Menschen, die Sie für sich entwickeln können, ist, daß sie scheinbar alle Probleme und Entscheidungen systematisch angehen. Sie stürzen sich nicht in ein Problem wie ein kläffender Hund, der einem vorbeifahrenden Auto nachrennt. Sie nähern sich vielmehr jeder Situation, indem sie strukturierte Fragen stellen:

3. Die Macht des Wissens

- Wie ist es passiert?
- Wann und wo ist es zum ersten Mal aufgetreten?
- Wer ist davon betroffen?
- Was sind die verschiedenen Wege, damit umzugehen?

Allein schon der Akt des Fragens öffnet Ihr Bewußtsein und aktiviert Ihren Geist. Leute mit mechanischer Geisteshaltung neigen dazu, sich auf Schlußfolgerungen zu stürzen. Sie sehen ein Problem und entscheiden sich sofort für eine Lösung. Sie hüpfen praktisch von einem Stein auf den nächsten, um über einen Bach zu kommen. Sie halten nie inne, um darüber nachzudenken, daß allein die Tatsache, daß da ein weiterer Stein liegt, noch lange nicht heißt, daß das auch die richtige Lösung ist.

Es gibt einen direkten Zusammenhang zwischen der *Anzahl* von Mitteln und Wegen, die Ihnen einfallen, um mit einer beliebigen Situation fertig zu werden, und der Wahrscheinlichkeit, daß Sie auf eine *wirklich gute Idee* kommen:

Zusammenhang zwischen der Quantität und Qualität von Ideen

> **Das Gesetz der Wahrscheinlichkeit, bezogen auf kreatives Denken, besagt: Je mehr Ideen Sie insgesamt haben, desto wahrscheinlicher werden Sie auch genau dann die richtige Idee haben, wenn Sie sie brauchen.**

Sie sollten der Versuchung, vorschnell Schlüsse zu ziehen oder Urteile zu fällen, konsequent widerstehen. Sie sollten sich zurückhalten, wie Genies es tun, und Fragen stellen. Wenn etwas nicht machbar scheint, dann fragen Sie sich: „Was könnte man tun, damit es machbar wird? Was müßte man dazutun oder wegnehmen? Welchen Teil müßte man anders machen? Kann man es größer oder kleiner machen?" Je mehr Sie ein Problem oder Ziel aus verschiedenen Richtungen betrachten, desto wahr-

Probleme aus verschiedenen Richtungen betrachten

3. Die Macht des Wissens

scheinlicher finden Sie einen Weg darüber hinweg, drum herum oder einfach mitten hindurch.

Homöostase

Neben der Psychosklerose ist die *Homöostase* der zweite Faktor, der die Menschen in ihrer Weiterentwicklung blockiert. Homöostase bedeutet, krampfhaft dem treu zu bleiben, was man in der Vergangenheit gesagt oder getan hat. *Ralph Waldo Emerson* hat einst in einem Essay geschrieben:

> „An Dummheit grenzende Konsequenz ist der Dämon kleingeistiger Leute."

Sie sollten daher jederzeit bereit sein, sich von alten Vorstellungen zu verabschieden, sobald Ihnen jemand zeigen kann, daß es neuere und bessere Ideen gibt.

70% aller Entscheidungen stellen sich im nachhinein als falsch heraus

Eine für mich seit Jahren hilfreiche innere Haltung, die auch Sie dazu nutzen können, Ihr Potential deutlich zu fördern, ist die Bereitschaft zuzugeben, daß man nicht recht hat. Untersuchungen zufolge stellt sich sowieso bei immerhin *siebzig Prozent aller Entscheidungen,* die man im Leben trifft, am Ende heraus, daß sie *falsch* waren. Und das ist nur ein Durchschnittswert. Bei manchen Leuten ist die Trefferquote viel schlechter. Sie können also ruhig davon ausgehen, daß sieben von zehn Entscheidungen, die Sie treffen und die Ihr Leben und Ihre Arbeit massiv beeinflussen, sich auf lange Sicht gesehen ohnehin als falsch erweisen.

Die Kunst, Fehlentscheidungen frühzeitig zu erkennen

Wenn siebzig Prozent der Entscheidungen, die Manager und Führungskräfte treffen, genau wie bei Ihnen auch, sich am Ende als Fehlentscheidung entpuppen, wie kann die Welt dann überhaupt noch funktionieren? Die Antwort ist leicht: Wichtige Entscheidungsträger sind Leute, die bereit sind, Verluste wegzustecken und Fehler zuzugeben. Sie erkennen frühzeitig, wann es Zeit ist auszusteigen, anstatt daran festzuhalten, bis alles noch schlimmer wird.

3. Die Macht des Wissens

Machen Sie es sich zur Gewohnheit, der allererste zu sein, der erkennt, daß eine Entscheidung, die Sie getroffen hatten, oder eine Schlußfolgerung, zu der Sie gekommen waren, inzwischen durch neue Informationen als überholt gelten muß. Vergessen Sie die alte Entscheidung, und richten Sie sich voll und ganz auf die neue Lösung aus.

Altes loslassen und sich auf das Neue konzentrieren

Glücklicherweise gibt es ein einfaches *Drei-Schritte-Programm*, das Sie nutzen können, um Ihren Vorsprung vor der Masse zu wahren. Die drei Schlüssel für Ihre persönliche und berufliche Weiterentwicklung sind:

Vorsprung im Denken

- tägliches Lesen
- konsequentes Training mit Audio-Cassetten und
- der regelmäßige Besuch von Seminaren.

Damit Sie in Ihrem Bereich vorne mit dabei sind, sollten Sie *mindestens eine Stunde pro Tag* lesen und alles Wichtige unterstreichen und notieren. Morgens nach dem Aufstehen sollten Sie zum Beispiel eine Stunde lang etwas zum Thema Ihrer Wahl lesen, sich sorgfältig Notizen machen und diese in regelmäßigen Abständen wieder durchsehen. Denken Sie über das nach, was Sie lernen und wie Sie es in Ihrer täglichen Arbeit anwenden können. Wenn Sie nur eine Stunde täglich lesen, dann ist das etwa ein Buch pro Woche. Aus einem Buch pro Woche werden circa fünfzig Bücher pro Jahr, und fünfzig Bücher pro Jahr macht rund fünfhundert Bücher in den nächsten zehn Jahren.

Tägliches Lesen

Wenn Sie überdies Ihre Zeit im Auto und unterwegs sinnvoll nutzen, gewinnen Sie weitere Zeit zum Lernen. Wenn Sie täglich nur dreißig Minuten im Auto sitzen oder sonstwie unterwegs sind, verbringen Sie damit weit über hundert Stunden pro Jahr, was zweieinhalb Arbeitswochen entspricht. Und wer auch noch beruflich viel unterwegs ist, wird sehr schnell auf weit über tausend Stunden jährlich kommen und gar fünfundzwanzig

Leerzeiten im Auto nutzen

3. Die Macht des Wissens

Wochen zu je vierzig Stunden oder anders gesagt sechs Monate Zeit zum Lernen gewinnen. Einfach indem Sie Ihre Leerzeiten im Auto sinnvoll nutzen.

In Seminaren komprimiertes Know-how gewinnen

Der dritte Schlüssel zur Erschließung all Ihrer Potentiale ist, an so vielen Seminaren teilzunehmen, wie Sie nur können. Wenn ein Seminar auf dem freien Markt erfolgreich besteht, dann hat derjenige, der das Seminar leitet, wahrscheinlich viele Jahre Erfahrung und möglicherweise Hunderte von Stunden damit verbracht, das Training so effektiv wie möglich zu gestalten. Manchmal kann man sich Wochen, Monate und sogar Jahre harter Arbeit sparen, indem man das Seminar eines Experten besucht, der einem sagt, wie man seine Arbeit mit den neuesten Erkenntnissen viel schneller und besser erledigen kann.

Wenn Sie diese drei Wege, regelmäßiges Lesen, regelmäßiges Cassetten-Training und regelmäßige Seminarbesuche, miteinander kombinieren, dann haben Sie eine wirklich explosive Mischung, die Sie weit schneller voranbringt, als es jemals ohne dies möglich wäre.

Wissen ist Macht

Gerade im Zeitalter der Information ist Wissen Macht. Wieviel Wissen Sie sich aneignen und im Leben anwenden, hängt ganz allein von Ihnen ab. Es gibt keine Grenzen in dem, was Sie erreichen können, außer denen, die Sie sich selbst setzen. Je mehr Sie lernen, desto mehr verdienen Sie. Je mehr Wissen Sie erwerben, desto mehr Mut und Selbstvertrauen gewinnen Sie auch, Ihre Fähigkeiten in allem, was Sie tun, wirken zu lassen. Und je mehr Mut und Selbstvertrauen Sie haben, desto stärker entwickeln sich Ihr Selbstwertgefühl und das Gespür für Ihre persönlichen Stärken. Und dann wird Sie wirklich nichts mehr aufhalten können!

Entfesseln Sie Ihre Kreativität!

Ideen sind der Schlüssel zur Zukunft. Ideen enthalten die Antworten auf all Ihre Probleme und Fragen danach, wie Sie Ihre Ziele erreichen. Ihr Bestreben sollte es sein, ein echter „Ideen-Generator" zu werden, damit Sie fortwährend neue und bessere Ideen produzieren, um mit den ständigen Veränderungen und Chancen um Sie herum umgehen zu lernen.

Werden Sie ein Ideen-Generator!

Glücklicherweise sind Sie, wie ich bereits im letzten Teil sagte, von Natur aus kreativ. Es ist eine angeborene Qualität, mit der Sie schon zur Welt gekommen sind, allerdings mit einer Einschränkung: *„If you don't use it, you lose it",* wenn Sie sie nicht gebrauchen, verlieren Sie sie, zumindest vorübergehend. Aber Sie können Ihre Kreativität wieder aufleben lassen, indem Sie gewisse Dinge in bestimmter Weise tun, wie etwa bei den Methoden, die wir in diesem Programm besprechen.

Lassen Sie Ihr kreatives Potential nicht verkümmern!

Um Ihre Kreativität wieder aufleben zu lassen und zu aktivieren, gibt es drei entscheidende Faktoren. Sie können alle drei bei allem, was Sie tun, praktizieren. Und zwar sind das:

Drei entscheidende Faktoren

1. Ziele, die Sie unbedingt erreichen wollen

2. drängende Probleme

3. genaue Fragen.

Wenn Sie alle drei Faktoren aktivieren, beginnt Ihr Denkapparat mit erstaunlicher Geschwindigkeit zu arbeiten und produziert Ideen und Einsichten von unschätzbarem Wert. Das ist der vorrangige Anwen-

4. Entfesseln Sie Ihre Kreativität!

dungsbereich für kreatives Denken: Probleme zu lösen und Durchbrüche zu erzielen, die Ihnen helfen, das, was Ihnen am Herzen liegt, schneller zu erreichen.

Klare Ziele Das erste, was Sie brauchen, sind klare, spezifische Ziele (vgl. auch Kapitel 1, Seite 21ff.). Ihre Ziele sollten schriftlich formuliert und immer und immer wieder neu aufgeschrieben werden. Das ist wie gesagt eine der kraftvollsten Arten zur Aktivierung Ihrer kreativen Kräfte.

Übung
Nehmen Sie sich jeden Morgen ein paar Minuten Zeit, um Ihre Ziele so aufschreiben, als wären sie schon jetzt erreicht. Benutzen Sie beim Schreiben also die Gegenwartsform. Danach visualisieren Sie die Ziele einige Sekunden lang als Teil Ihrer Realität. Sehen Sie sie in Ihrer Vorstellung genau so, als wären sie bereits real. Dann lächeln Sie, entspannen sich und lassen die Bilder und Gefühle wieder gehen.

_____

_____

_____

Intensive Gefühle bringen Ihr Gehirn auf Hochtouren Achten Sie besonders auf Ihre emotionale Einstellung. Je stärker Ihr Verlangen danach ist, das Ziel zu erreichen, desto schneller materialisiert es sich. Intensive Gefühle bringen Ihr Gehirn quasi auf Höchstleistung. Je mehr Freude und Begeisterung Sie spüren, desto schneller machen sich die verschiedenen Ebenen Ihres Bewußtseins daran, es zu realisieren.

Übung
Schließen Sie die Augen, und stellen Sie sich eines Ihrer am meisten ersehnten persönlichen Ziele möglichst bildhaft vor. Welche Gefühle tauchen in Ihnen auf? Welche Assoziationen und Ideen begleiten dieses innere Bild?

4. Entfesseln Sie Ihre Kreativität!

_____

_____

_____

Wenn Sie in der Lage sind, ein klares geistiges Bild von Ihrem Ziel mit den entsprechenden Gefühlen von Zufriedenheit und Glück zu verbinden, dann aktivieren Sie höhere Bewußtseinskräfte, die Ihre Kreativität einschalten. Diese Kräfte führen Sie dann zu Einsichten und Ideen, mit denen Sie Ihr Ziel wesentlich schneller erreichen.

Mit Kreativität schneller am Ziel

Der zweite Faktor zur Aktivierung von Kreativität und positiver Geisteshaltung sind drängende Probleme. Die meisten Menschen verstehen gar nicht die wahre Natur von Problemen.

Drängende Probleme

> **Ihr größtes Problem ist in Wirklichkeit ein Geschenk. Es ist zu Ihnen gekommen, weil Sie es brauchen. Es wird Sie weiterbringen.**

Probleme sind ein normaler, notwendiger und unvermeidlicher Teil des Lebens. Probleme tauchen auf, obwohl Sie sich die größte Mühe geben, sie zu vermeiden. Der einzige Teil eines Problems, über den Sie bestimmen können, ist Ihre Reaktion, Ihre *Antwort* darauf. Erfolgreiche, glückliche Menschen reagieren positiv und konstruktiv auf Probleme. Auf diese Art zeigen sie einen hohen Grad von „Ver-Antwortungsfähigkeit". Sie verfügen über die Fähigkeit, effektiv zu reagieren, zu antworten, wenn ihnen etwas Unerwartetes oder Unerwünschtes widerfährt.

Entscheidend ist, wie Sie auf ein Problem reagieren

Je dringlicher Ihre Probleme sind und je mehr Gefühle Sie in die Lösung solcher Probleme investieren, desto kreativer werden Sie. Der Schlüssel dafür, Ihre Kreativität

Probleme definieren

4. Entfesseln Sie Ihre Kreativität!

beim Lösen von Problemen zu aktivieren, ist, daß Sie sie *klar definieren und aufschreiben*. Dabei werden Sie manchmal feststellen, daß es sich in Wirklichkeit um ein Bündel von Problemen handelt, das sich aus mehreren kleineren Problemen zusammensetzt. Und manchmal führt die Lösung eines Teilproblems bereits zur Lösung der ganzen Situation.

Wenn Sie nicht soviel Geld verdienen, wie Sie es gerne würden, dann ist das ein ungelöstes Problem. Ein unerreichtes Ziel ist ein ungelöstes Problem. Ein Scheitern oder ein Rückschlag ist ein Problem. In jedem Fall ist es Ihre Aufgabe, das Problem in den Griff zu bekommen und sich nicht davon unterkriegen zu lassen.

> „Scheitern ist nur eine Gelegenheit, es noch einmal intelligenter anzupacken."
>
> Henry Ford

Sie sind ein professioneller Problemlöser

Wenn ich Sie frage, womit Sie Ihren Lebensunterhalt verdienen, dann würden Sie mir wahrscheinlich Ihre derzeitige Position oder Tätigkeit beschreiben. Aber was es auch ist, Sie verdienen Ihr Geld auf jeden Fall mit „dem Lösen von Problemen". Sie sind ein professioneller Problemlöser. Wenn es bei Ihrer Arbeit keine Probleme gäbe, dann hätten Sie keinen Job! Wenn jemand nicht mehr in der Lage ist, die Probleme zu lösen, die bei seiner Arbeit auftauchen, dann wird er ganz schnell durch jemanden ersetzt, der dazu in der Lage ist. Sobald Sie in Ihrem Bereich ein hervorragender Problemlöser geworden sind, werden Sie befördert, um noch größere und wichtigere Probleme zu lösen. Aber was auch immer Sie tun: Sie sind ein Problemlöser. Die einzig wichtige Frage ist, ob Sie Probleme *gut* lösen können oder nicht.

Gezielte Fragen

Der dritte Schlüssel zur Aktivierung Ihrer Kreativität sind gezielte Fragen. Gut formulierte, konzentrierte, provozierende Fragen aktivieren Ihr gesamtes Bewußtsein. Die allerbesten Berater sind Provokateure, die unbequeme

4. Entfesseln Sie Ihre Kreativität!

Fragen stellen. Sie geben keine Antworten. Statt dessen regen sie ihre Klienten durch Fragen an und fordern sie auf, unbequeme Fragen zu beantworten.

Wenn Sie Ihre eigene Kreativität anregen wollen, dann müssen Sie sich auch selbst unbequeme Fragen stellen. Erinnern Sie sich an das *Zero-Based-Thinking,* das Denken vom Nullpunkt aus? Fragen Sie sich immer wieder: „Gibt es irgend etwas in meinem Leben, das ich mit meinem heutigen Wissensstand gar nicht erst anfangen oder nicht wieder tun würde, wenn ich noch einmal vor der Entscheidung stünde?" Sie werden erstaunt sein, wie kreativ Sie werden, wenn Sie anfangen, alle Aspekte Ihres Lebens so zu betrachten, als könnten Sie, wenn Sie wollten, jederzeit von vorn anfangen, mit dem Wissen und der Erfahrung, die Sie inzwischen dazugewonnen haben.

Unbequeme Fragen regen Ihre Kreativität an

Übung

Stellen Sie sich selbst je eine unbequeme Frage zu folgenden drei Lebensbereichen:

Beruf _____

Familie _____

Ausbildung _____

Ein weiterer hilfreicher Faktor zur Aktivierung kreativer Ideen liegt in der sogenannten „*Engpaßtheorie*". Bei jeder Tätigkeit gibt es Sachzwänge oder Engpässe, die festlegen, wie schnell Sie von einem bestimmten Ausgangspunkt zu einem gesetzten Ziel gelangen. Allein

Die Engpaßtheorie

4. Entfesseln Sie Ihre Kreativität!

schon die Tatsache, daß Sie beginnen, die betreffenden Rahmenbedingungen und Sachzwänge zu identifizieren, fördert Ideen und Erkenntnisse, die es Ihnen leichter machen.

Engpässe definieren

Nehmen Sie zum Beispiel Ihr wichtigstes Ziel, sagen wir, etwa die Verdoppelung Ihres Einkommens in den nächsten drei bis fünf Jahren:

- Warum ist Ihr Einkommen nicht bereits doppelt so hoch?
- Was hält Sie zurück?
- Was ist der Hauptfaktor, der Sie am meisten am Vorankommen hindert?

Die größten Engpässe liegen in einem selbst

Die allermeisten Menschen glauben, daß ihre größten Probleme an der aktuellen Situation und den äußeren Umständen liegen. In der Regel jedoch stimmt das nicht. Die meisten Gründe dafür, daß sie nicht vorankommen, hängen vielmehr mit einem Mangel an *Bildung*, einem Mangel an bestimmten *Fähigkeiten* oder mit ganz persönlichen *Charaktermerkmalen* zusammen.

Machen Sie einen Test!

Eine gute Möglichkeit zu testen, ob ein begrenzender Faktor in den äußeren Umständen oder in Ihnen selbst liegt, ist die, sich umzuschauen und zu sehen, ob irgend jemand anderes in der Lage ist, das zu bewerkstelligen, was Sie sich zum Ziel gesetzt haben. Verdient irgend jemand mit demselben Produkt im gleichen Markt bereits doppelt soviel wie Sie? Wenn das so ist, dann handelt es sich um ein internes, nicht um ein externes Hindernis. Dann liegt der begrenzende Faktor in *Ihnen.* Es handelt sich dann um einen Mangel an einer bestimmten Fähigkeit oder Qualität, die Sie sich aneignen sollten.

> Man sagt, wenn ein Mann seinen Kampf bei sich selbst beginnt, dann ist er wirklich etwas wert.

4. Entfesseln Sie Ihre Kreativität!

Überlegen handelt der Mensch, der zuerst fragt: „Was in *mir* hält mich zurück?" Schauen Sie daher immer erst bei sich selbst nach. Es kann gut sein, daß etwas in Ihrer äußeren Welt hemmend wirkt, aber die Suche sollte immer mit dem Blick nach innen beginnen. Die Wahrscheinlichkeit spricht einfach dafür, daß Sie genau dort fündig werden.

Mit Hilfe der bisher genannten Auslöser sind Sie auf dem besten Wege, Ihre Kreativität so zum Leuchten zu bringen, wie man per Dimmer einen dunklen Raum erhellt.

Was hält Sie zurück?

Wenn Sie sich *klare Ziele* setzen, die Sie mit jeder Faser Ihres Herzens erreichen wollen, und *drängende Probleme* dazukommen, die Sie klar und eindeutig identifiziert haben, und wenn Sie *gezielte Fragen* formulieren, die Ihr Denken anregen, dann können Sie die entscheidenden Engpässe ausmachen und anfangen, sie zu überwinden. Manchmal reicht es, einen einzigen Engpaß in einer Schlüsselfunktion zu beseitigen, um Sie auf die Schnellstraße zu Ihren wichtigsten Zielen zu bringen.

Es gibt zwei kraftvolle Methoden zum Anzapfen Ihrer Brainpower, des Potentials Ihres Bewußtseins, das Sie zur Entwicklung neuer Ideen für die Zielerreichung nutzen sollten. Die beiden Methoden nennen sich *„Mindstorming"* und *„Brainstorming"*. Das Mindstorming wird Sie reich machen, und das Brainstorming wird Ihnen ermöglichen, sich das Potential anderer Menschen zu erschließen.

Zwei weitere Kreativitätstechniken

Der Prozeß des Mindstorming, z. B. die *„Methode der zwanzig Ideen"*, ist so kraftvoll, daß sich Ihr ganzes Leben ändern kann, wenn Sie anfangen, sie konsequent zu nutzen. Ich selbst habe sie vor vielen Jahren von *Earl Nightingale* gelernt und sie seitdem an zigtausend Menschen weitergegeben. Ich habe noch nie einen Menschen gesehen, bei dem diese Methode nicht zu

Mindstorming

4. Entfesseln Sie Ihre Kreativität!

sehr grundlegenden Veränderungen in dem Lebensbereich geführt hätte, auf den sie angewendet wurde. Und das wird auch bei Ihnen sehr schnell und mühelos klappen, wenn Sie erst einmal damit angefangen haben.

Es funktioniert folgendermaßen:

Übung

Sie nehmen ein leeres Blatt Papier und schreiben Ihr aktuelles Problem oder Ziel in Form einer Frage oben auf die Seite. Anschließend formulieren Sie zwanzig verschiedene Antworten auf diese Frage, von denen Sie sich vorstellen können, sie früher oder später zu tun, und die es Ihnen ermöglichen würden, Ihr zu Ziel erreichen.

Je genauer die Frage, desto besser die Antworten

Nehmen wir wieder an, Ihr Ziel sei es, Ihr Einkommen zu verdoppeln. Versuchen Sie, die Frage so genau wie möglich zu formulieren. Je genauer die Frage, desto besser kann Ihr Geist sich darauf konzentrieren und desto bessere Antworten werden Sie bekommen. Anstatt zu fragen „Wie kann ich mehr verdienen?", würden Sie besser fragen: „Was kann ich tun, um im Laufe der nächsten 24 Monate mein Einkommen zu verdoppeln?" Dann schreiben Sie das also ganz oben auf die Seite.

Bleiben Sie dran, auch wenn die letzten Antworten schwerfallen!

Wahrscheinlich beginnen Sie mit einfachen Antworten, wie das fast jeder tut. Sie könnten schreiben: Härter arbeiten, länger arbeiten, meine Ausbildung verbessern, meine Fähigkeiten in diesem oder jenem Bereich verbessern und so weiter. Nach den ersten drei bis fünf Antworten wird es allerdings allmählich schwerer für Sie. Die zweiten fünf Antworten fallen schon nicht mehr so leicht und bei den letzten zehn ist es manchmal so, als wollte man Wasser aus einem Stein herausquetschen. Aber Sie sollten sich unbedingt dazu zwingen, solange bei diesem Stück Papier zu bleiben, bis Sie mindestens zwanzig verschiedene Antworten auf die Frage gefunden haben. Sie können mit diesen Antworten spielen.

4. Entfesseln Sie Ihre Kreativität!

Sie könnten zum Beispiel genau das Gegenteil von einer Ihrer vorherigen Antworten schreiben oder auch vollkommen absurde Antworten geben. Man könnte zum Beispiel sagen: „Härter arbeiten in meinem jetzigen Job!" Und die nächste Antwort könnte lauten: „Weniger arbeiten in einem anderen Job!" Oder: „Meinen eigenen Job schaffen." Oder: „Einen Nebenjob für ein zweites Einkommen finden."

In jedem Fall sind den möglichen Antworten nur in Ihrem Denken und in Ihren Glaubensmustern Grenzen gesetzt. Ihr Erfindungsreichtum, Ihre Kreativität, die richtigen Ideen für alles, was Sie vorhaben, zu erzeugen, sind tatsächlich grenzenlos.

Lassen Sie Ihrer Kreativität freien Lauf!

Wenn Sie nun Ihre Frage im Mindstorming mindestens zwanzigmal beantwortet haben, gehen Sie die Antworten noch einmal durch und wählen Sie mindestens eine davon aus, die Sie *sofort* umsetzen. Das ist außerordentlich wichtig! Denn Ihre Bereitschaft, in irgendeiner Weise aktiv zu werden, wird den Ideenstrom in Ihrem Kopf am Laufen halten.

Sofortige Umsetzung

Wenn Sie diese Übung gleich frühmorgens machen, bevor Sie in den Tag starten, werden Sie erleben, daß Sie den ganzen Tag über in kreativer Art und Weise denken. Ihr Geist wird sehr klar, scharf und wach sein. Sie werden in dem Moment, in dem Probleme oder Hindernisse auftauchen, sofort auch Lösungen sehen. Wenn Sie diese Übung nur fünf Tage lang durchführen, erhalten Sie hundert neue Ideen, die Ihnen deutlich helfen, Ihre Ziele zu erreichen.

Beginnen Sie Ihren Tag mit einem Mindstorming!

Mit der Anwendung dieser Kreativitätstechnik sind mehr Menschen reich geworden als mit jeder anderen Form des kreativen Denkens. Das einzig Erforderliche ist Ihre Bereitschaft zu regelmäßigem Mindstorming und zur sofortigen Umsetzung der besten Ideen – bis Ihnen das Ganze zur Gewohnheit wird.

Lassen Sie sich Mindstorming zur Gewohnheit werden

4. Entfesseln Sie Ihre Kreativität!

Brainstorming Die zweite Form des kreativen Denkens, mit der Sie Ihre Brainpower nutzen können, ist das sogenannte *„Brainstorming"*. Der Begriff Brainstorming ist weltweit bekannt und wurde ursprünglich von *Alex Osborn* entwickelt, der es 1946 in seinem Buch „Applied Imagination" (Angewandte Vorstellungskraft) zum ersten Mal beschrieben hat. Brainstorming ist heute ein stehender Begriff und wird weltweit in den unterschiedlichsten Unternehmen und für die unterschiedlichsten Bereiche eingesetzt, um ausreichend viele Lösungen für ein beliebiges Problem zu finden.

Die Regeln Die optimale Teilnehmerzahl für ein Brainstorming liegt zwischen vier und sieben Personen. Bei weniger als vier hat man nicht genug „Köpfe", um ausreichend viele verschiedene Ansätze zur Problemlösung zu entwickeln, und bei mehr als sieben wird es zu schwerfällig und die Teilnehmer haben nicht genug Gelegenheit, sich richtig einzubringen.

Kritik ist tabu Das Entscheidende beim Brainstorming ist, daß während des Vorgangs selbst in keiner Weise bewertet oder kommentiert wird, wie abwegig die Ideen auch sein mögen. Es kommt nur darauf an, innerhalb kurzer Zeit *möglichst viele Ideen* zu generieren.

Durchführung eines Brainstormings Die ideale Dauer von Brainstorming-Sessions variiert zwischen 15 und 45 Minuten. Es gibt zwei Schlüsselpersonen in jeder Brainstorming-Session: Die eine ist der *Leiter*, dessen Aufgabe es ist, jeden Teilnehmer zu ermuntern, so viele Ideen wie möglich einzubringen. Die zweite Schlüsselfunktion im Brainstorming hat der *Protokollführer*. Das ist jemand, der die Ideen so aufschreibt, wie sie von den Teilnehmern genannt werden. Alternativ kann auch mit Kartei- oder Moderationskarten gearbeitet werden. Hierbei hat jeder Teilnehmer einen Stapel Karteikarten vor sich liegen, auf die er seine Ideen notiert und anschließend in die Mitte wirft. Beginnen und beenden Sie das Brainstorming immer

4. Entfesseln Sie Ihre Kreativität!

genau zur vereinbarten Zeit, egal, wie gut es läuft. Sammeln Sie die Ideen ein und werten Sie sie zu einem späteren Zeitpunkt aus.

Große Brainstormings

In einem gut organisierten Brainstorming mit zwanzig oder dreißig Leuten können mühelos zwei- bis dreihundert Ideen produziert werden. Die Ergebnisse sind manchmal sehr erstaunlich! Ich habe schon mit Firmen gearbeitet, in denen so viele Lösungsvorschläge für wirklich harte Probleme entstanden sind, daß man nachher viel zuwenig Zeit und Mitarbeiter hatte, um sie auch alle umsetzen zu können.

Brainstorming zu zweit

Übrigens: Wenn Sie mit jemandem eine gute Beziehung haben, bilden Sie ein exzellentes Brainstorming-Zweierteam. Ein Ehepaar oder auch zwei Freunde können ein tolles Brainstorming machen, vorausgesetzt, sie verfallen nicht der Versuchung, die Ideen während des Brainstormings zu bewerten.

Was jedes Brainstorming beendet, ist die Tendenz mancher Leute, Ideen sofort zu kritisieren. Sobald die Ideen von nur *einer* Person kritisiert werden, platzt die ganze Sitzung. Kritik blockiert den kreativen Ideenfluß, denn niemand mag von anderen gedemütigt oder ins Lächerliche gezogen werden. Deshalb ist es wichtig, sich schwerpunktmäßig auf die Menge der Ideen zu konzentrieren und die Auswertung derselben auf einen anderen Zeitpunkt zu verlegen oder von anderen Leuten durchführen zu lassen.

Das Wichtigste: innere Überzeugung und Anwendung

Das Wichtigste beim Entfesseln Ihres geistigen Potentials sind

1. Ihre innere Überzeugung, daß Sie außerordentlich intelligent sind, und
2. die Anwendung der vorgestellten Kreativitätstechniken, um immer wieder neue Ideen zu entwickeln, die Ihnen helfen, Ihre Ziele zu erreichen.

Der Schlüssel zum Wohlstand

Alles, was geschieht, hat einen Grund

Das vielleicht wichtigste Erfolgsprinzip wurde im 4. Jahrhundert v. Chr. erstmals von *Aristoteles* formuliert. Zur damaligen Zeit wurde es als das *Kausalitätsgesetz* des Artistoteles bekannt. Heute nennen wir es das *Gesetz von Ursache und Wirkung*. Es besagt, daß alles, was geschieht, einen Grund hat.

> Erfolg kommt nicht von ungefähr. Was Ihnen widerfährt, hängt nicht von Glück oder Zufall ab. Es gibt für alles einen Grund.

Von den Erfolgreichen lernen

Als ich anfing, mich nach oben zu arbeiten, um zu finanzieller Unabhängigkeit und Selbstvertrauen zu gelangen, faßte ich den Entschluß, mich mit den erfolgreichsten Menschen unserer Gesellschaft zu beschäftigen und herauszufinden, was sie gemacht hatten, um so erfolgreich zu werden. Ich habe dabei ganz erstaunliche Dinge erfahren, die mir im Laufe der Jahre sehr viel geholfen haben, und ich möchte Sie daran teilhaben lassen.

Die meisten Millionäre haben bei Null angefangen

Das erste, was ich lernte, war, daß es in Amerika etwa zwei Millionen Millionäre gibt – und die meisten davon sind *Selfmade-Millionäre*: Männer und Frauen, die oftmals mit nichts angefangen haben, total pleite oder hoch verschuldet waren, sich aber ganz allmählich hochgearbeitet haben und heute finanziell vollkommen unabhängig sind. Diese Leute kamen interessanterweise aus allen sozialen Schichten und allen Berufen, hatten die unterschiedlichsten Ausbildungen und Eigenschaften und mußten alle erdenklichen Schwierigkeiten, Hindernisse und Herausforderungen meistern.

5. Der Schlüssel zum Wohlstand

Das Wichtigste ist, zu wissen, ganz gleich mit welchen Problemen Sie sich heute herumschlagen, daß es immer etliche andere Menschen gibt, die größere Schwierigkeiten hatten, als Sie sich das jemals vorstellen können, und die trotzdem sehr erfolgreich geworden sind. *Und genau das können Sie auch!*

Was andere können, können Sie auch!

Dr. Thomas Stanley von der Universität Georgia untersucht seit mehr als zwanzig Jahren Selfmade-Millionäre aller Art. Er hat Tausende von ihnen interviewt und seine Ergebnisse in vielen Büchern, wissenschaftlichen Studien und Berichten zusammengetragen. Seine Schlußfolgerung ist, daß jeder einzelne, unabhängig von seiner sozialen Schicht oder seinem beruflichen Hintergrund, fähig war, bei Null anzufangen und die magische Schwelle von einer Million Dollar zu überschreiten, indem er *bestimmte Dinge* auf *bestimmte Art und Weise* getan hat und zwar wieder und immer wieder.

Viele Menschen meinen, man brauche eine super Ausbildung, eine Menge Geld und die ideale Startposition, um finanziell frei zu werden. Diese Annahmen sind allesamt *falsch*! Eine Studie über die „Forbes 400", die 400 reichsten Männer und Frauen der Vereinigten Staaten, ergab zum Beispiel, daß die Schulabbrecher in dieser Liste durchschnittlich 300 Millionen Dollar mehr besaßen als die Hochschulabsolventen.

Ausbildung und Startkapital sind nicht entscheidend

Jack Welch, Präsident von General Electric, einem der größten Konzerne der USA, und wahrscheinlich einer der besten Wirtschaftsmanager der Welt, sagt, daß die mit Abstand wichtigste Führungsqualität ein ausgeprägter *Realitätssinn* ist. Er nennt es das *Realitätsprinzip*. Und das besagt:

Das Realitätsprinzip

> Man muß mit der Welt so umgehen, wie sie nun einmal ist, und nicht so, wie man sich wünscht, daß sie sein sollte.

5. Der Schlüssel zum Wohlstand

Ehrlichkeit zu sich selbst

Sie sollten absolut ehrlich mit sich selbst sein und vermeiden, in Wunschdenken zu verfallen oder zu hoffen, daß die Dinge sich schon richten werden. Glauben Sie mir – sie tun es *nicht*! Sie können sich nicht erlauben, Spielchen mit sich selbst zu spielen. Ebensowenig können Sie sich erlauben, zu wünschen, zu hoffen und zu beten, daß Sie irgendwann im Lotto oder beim Großen Preis gewinnen oder aufgrund anderer glücklicher Umstände schlagartig reich werden könnten.

> **Alles, was je aus Ihnen wird, liegt allein in Ihrer Hand.**

Ihre Chancen sind größer als je zuvor!

Sie sollten sich klarmachen, daß es in den westlichen Ländern heute mehr Chancen und Möglichkeiten gibt, zu Reichtum und Wohlstand zu gelangen, als jemals zuvor in der Geschichte der Menschheit. Und in einer Zeit, in der sich Informationen, Technologien und der weltweite Wettbewerb rasant entwickeln und explodieren, entstehen für eine kreative Minderheit Tag für Tag mehr und mehr Chancen und Möglichkeiten. Ihre Aufgabe ist es, diese ausfindig zu machen und zu nutzen.

Beispiel Hewlett Packard und Apple

Wie man von Selfmade-Millionären weiß, haben die meisten von ihnen einmal mit wenig oder gar nichts angefangen. Die meisten sparen lange Zeit ganz konsequent, bis sie genug Geld zusammenhaben, um ein Geschäft oder ein kleines Unternehmen zu gründen. Viele große Unternehmen entstanden auf einem Küchentisch oder in einer Garage, wie etwa *Hewlett Packard* oder *Apple Computer*.

Die wichtigste Eigenschaft

Die Untersuchungen von *Dr. Thomas Stanley* hinsichtlich der Frage, wie sich der Erfolg von Selfmade-Millionären erklärt, ergaben:

> **Hartes Arbeiten ist die mit Abstand wichtigste Eigenschaft von Selfmade-Millionären.**

5. Der Schlüssel zum Wohlstand

Alle Selfmade-Millionäre arbeiten sehr, sehr hart und ausdauernd. Sie fangen früher an, arbeiten konzentrierter und bleiben abends länger. Statistisch gesehen arbeiten Selfmade-Millionäre *durchschnittlich 59 Stunden pro Woche.*

Der durchschnittliche Arbeiter oder Angestellte arbeitet ungefähr 38 bis 40 Stunden pro Woche, wovon er circa fünfzig Prozent mit Tätigkeiten verbringt, die nichts, aber auch wirklich gar nichts mit seiner Arbeit zu tun haben. Tätigkeiten, mit denen die tägliche Arbeitszeit verlorengeht, sind unnütze Plaudereien mit Kollegen und Kolleginnen, private Telefonate und sonstige Privatsachen, späterer Arbeitsbeginn, verlängerte Kaffee- und Mittagspausen sowie zeitiges Gehen vor Ende der Arbeitszeit. Wie klingt das für Sie?

Der durchschnittliche Arbeiter/ Angestellte

Lediglich fünf Prozent aller Angestellten arbeiten heutzutage wirklich durchgehend, vom Beginn der Arbeitszeit bis zum Ende. Das sind natürlich diejenigen, die ihre Karriereleiter auf der Überholspur erklimmen.

Das erschreckendste Ergebnis dieser Studie ist, daß die Angestellten die verbleibenden fünfzig Prozent der Zeit, die sie tatsächlich nutzen, um Aufgaben und Verantwortlichkeiten im Unternehmen zu erfüllen, meist damit verbringen, nachrangige Prioritäten und minderwertige Aufgaben zu erledigen, und daher nur sehr wenig produktiv sind. Heutzutage erleben wir, wie jedes Jahr immer wieder Hunderttausende von Mitarbeitern aus Großunternehmen entlassen werden. *Was glauben Sie, warum das so ist?* Die Antwort ist einfach. Die Unternehmen erkennen letztlich, daß sie hohe Gehälter an Menschen zahlen, die zu wenig Wertzuwachs produzieren. Kein Unternehmen kann lange unter solchen Bedingungen überleben, die Firmen aber sind fest entschlossen, am Markt zu bleiben. Und deshalb muß überflüssiges Personal abgebaut werden.

Geringe Produktivität

5. Der Schlüssel zum Wohlstand

Sie können, wenn Sie wollen und sich nichts vormachen

Wenn Sie *ernsthaft* daran interessiert sind, finanziell unabhängig oder sogar im Laufe Ihrer Karriere ein Selfmade-Millionär zu werden, dann kann ich Ihnen zwei Sachen verraten. Erstens: Es ist absolut machbar! Es gibt Hunderttausende Männer und Frauen, die dieses Ziel immer wieder erreichen. Und was andere geschafft haben, können Sie aller Wahrscheinlichkeit nach auch schaffen! Die einzige Frage, die sich wirklich stellt, ist: *„Wie sehr wollen Sie es?"* Zweitens: Solange Sie nicht versuchen, sich selbst etwas vorzumachen oder eine Abkürzung zu nehmen, werden Sie Ihre angestrebten Ziele garantiert erreichen – oder gar übertreffen.

Die 40-Stunden-Woche: Überleben ja, Erfolg nein

Anfangen können Sie mit der *„40-Plus-Formel"*, wie ich sie nenne. Mit einer 40-Stunden-Woche können Sie genug verdienen, um Ihre Rechnungen zu bezahlen, Urlaub zu machen und vielleicht ein wenig darüber hinaus zur Seite zu legen. Sie werden sich über Wasser halten – aber Sie werden nie wirklich nach vorne kommen und nie *wirklich* erfolgreich sein.

Sollten Sie, aus welchem Grund auch immer, Ihren Arbeitsplatz verlieren, dann kommen Sie schnell in ernsthafte Schwierigkeiten. Viele Arbeitnehmer sind nur zwei bis drei Gehälter davon entfernt, ein Sozialfall zu werden. In Amerika zum Beispiel haben gar siebzig Prozent aller Arbeitnehmer kein frei verfügbares Einkommen, das sie zur Seite legen könnten. Das bedeutet, sie geben jeden Pfennig ihres Gehalts und manchmal noch ein bißchen mehr aus. Die meisten Familien haben daher gar keine oder nur sehr geringe Ersparnisse.

Beobachten Sie erfolglose und erfolgreiche Menschen!

Sie können es besser machen. Finden Sie heraus, was Menschen tun, die keinen Erfolg haben, und tun Sie genau das *nicht*. Gleichzeitig sollten Sie herausfinden, was erfolgreiche Menschen tun, und genau das auch tun, wieder und immer wieder, bis auch Sie sehr erfolgreich sind.

5. Der Schlüssel zum Wohlstand

Die „40-Plus-Formel" besagt:

Die 40-Plus-Formel

> Jede Stunde, die Sie über 40 Stunden pro Woche hinaus arbeiten oder sinnvoll für sich nutzen, ist eine Investition in Ihre Zukunft.

Man kann genau vorhersagen, wo Sie in fünf Jahren stehen werden, indem man einfach danach schaut, wie viele Stunden pro Woche Sie auf Ihre Arbeit verwenden und darauf, Ihre Fähigkeiten zu verbessern, um für Arbeitgeber und Kunden bessere Ergebnisse zu erzielen. Wenn Sie 50 Stunden pro Woche arbeiten, stehen Sie schon auf der richtigen Seite. Und wie gesagt, ein durchschnittlicher Selfmade-Millionär arbeitet 59 Stunden pro Woche, viele davon sogar 70 oder 80 Stunden – und zwar über Jahre hinweg.

Lassen Sie es mich so sagen: Ich habe über 25 Jahre lang weltweit erfolgreiche Männer und Frauen beobachtet. Und ich habe niemals eine einzige Person gefunden, die nur 40 Stunden, nur fünf Tage pro Woche gearbeitet hat. Die Idee der 40-Stunden-Woche, die von den Gewerkschaften leidenschaftlich erkämpft wurde, hat gleichzeitig auch viele Mißerfolge und Fehlschläge verursacht. Tatsache ist, daß alle *wirklich* erfolgreichen Menschen *sechs Tage pro Woche* arbeiten. Sie arbeiten *zehn Stunden täglich,* und das viele Monate und Jahre lang. Wer Millionär werden will, braucht etwa zehn bis fünfzehn Jahre, um von der völligen Mittellosigkeit zu einem Vermögen von über einer Million D-Mark zu kommen. Es ist nicht einfach und es geht nicht schnell. Tatsache aber ist, daß es ohne weiteres möglich ist, wenn Sie es nur wirklich wollen.

Weder einfach noch schnell

Der zweite Aspekt erfolgreicher Arbeit ist:

> Wenn Sie arbeiten, dann arbeiten Sie die ganze Zeit.

5. Der Schlüssel zum Wohlstand

Die Bedeutung von Arbeit

Für die meisten Menschen ist das ein ungewöhnlicher Gedanke. Die meisten sehen Arbeit als eine Fortsetzung der Schulzeit. In die Schule geht man, um Leute zu treffen und die Zeit zwischen den Stunden mit Freunden zu verbringen. So manch einer hält seine erste Arbeitsstelle ebenfalls für einen Ort, an dem man Zeit mit Freunden verbringt. Das ist der Grund dafür, daß gut die Hälfte des Arbeitstages mit geselligem Zusammensein, privaten Telefonaten mit Freunden und Familie und so weiter verbracht wird.

> **Arbeit wird von vielen als riesiger Sandkasten verstanden, in dem man ab und zu spielt und ein paar Dinge erledigt, ein Gehalt bekommt und dann nach Hause geht.**

Nicht so bei Ihnen. Wenn Sie arbeiten, konzentrieren Sie sich und arbeiten aus ganzem Herzen, und das die ganze Zeit.

Der Mythos vom guten Kollegen

Viele Menschen glauben an den Mythos, daß man viel Zeit damit verbringen muß, sich ein gutes Verhältnis mit seinen Kollegen zu schaffen. Nun – natürlich ist es wichtig, daß Sie ein positiver und angenehmer Arbeitskollege sind. Aber dazu braucht man nur einige Minuten am Tag. Ausführlichere Plaudereien unter Kollegen gehören in den Feierabend.

Verschaffen Sie sich den Ruf, einer der besten Mitarbeiter zu sein!

Wir haben herausgefunden, daß Menschen, die entweder im eigenen Geschäft oder in einer anderen Firma großen finanziellen Erfolg haben, schon sehr früh den Ruf hatten, viel und hart zu arbeiten. Und jeder Mitarbeiter weiß, wer in einer Firma am meisten arbeitet, auch in der Ihren. Es gibt keine Eigenschaft, die besser geeignet ist, die Aufmerksamkeit der Leute auf sich zu ziehen, die Ihnen weiterhelfen, als sich den Ruf zu erwerben, einer der besten Mitarbeiter zu sein.

5. Der Schlüssel zum Wohlstand

Wenn Sie sich zum Ziel gesetzt haben, zu Wohlstand zu gelangen, dann müssen Sie wissen, wie Wohlstand entsteht. Der Schlüsselbegriff hierfür ist *Wertschöpfung*. Jede Form von Wohlstand entsteht durch Wertschöpfung, indem zum Beispiel Kunden von Ihnen besser bedient und zufriedengestellt werden als von anderen und Sie ihnen einen größeren Nutzen bieten, als dies derzeit irgend jemand anderes tut. Während Ihrer ganzen Karriere sollten Sie jede Möglichkeit finden und wahrnehmen, mit der Sie Ihrem Chef, Ihren Kollegen, Ihren Kunden, Ihren Zulieferern und allen anderen, die für Ihren Erfolg von Bedeutung sind, mehr Leistung, mehr Wert bieten.

Wohlstand entsteht durch Wertschöpfung

Die moderne Arbeitswelt kennt zwei hauptsächliche Quellen für die Entstehung von Wert. Die eine ist *Zeit* und die andere ist *Wissen*. Über Wissen haben wir bereits in Kapitel 3 gesprochen, aber lassen Sie mich Ihnen den springenden Punkt von Zeit erläutern:

Wert entsteht durch Zeit und Wissen

> Zeit ist die Währung der modernen Geschäftswelt.

Jeder ist bestrebt, die Zeit zur Erreichung bestimmter Ergebnisse zu reduzieren. Kunden zahlen viel Geld für Produkte oder Dienstleistungen, die ihnen helfen, Zeit zu sparen. Wie an anderer Stelle schon gesagt, zielen auch die meisten Verbesserungen im modernen Management darauf ab, den Zeitaufwand zu verringern, um entscheidende Ergebnisse zu erzielen.

Der wichtigste Faktor von Zeit ist *Geschwindigkeit*. Die wichtigste Eigenschaft, die Sie sich hinsichtlich Zeit und Zeitgewinn aneignen können, ist ein *„Gefühl für Dringlichkeit"*. Dies bedeutet, mit Zielstrebigkeit und Entschlossenheit schnell zu handeln, wenn sich gute Gelegenheiten zeigen. Entwickeln Sie eine Vorliebe zum Handeln. Denn Schnelligkeit ist für den Erfolg von entscheidender Bedeutung. Alle Erfolgsmenschen arbeiten nicht nur sehr, sehr intensiv, sondern auch sehr, sehr schnell!

Geschwindigkeit und Dringlichkeit

5. Der Schlüssel zum Wohlstand

Schnelles und zuverlässiges Arbeiten

Zögerliches Handeln ist nicht nur ein Zeitdieb, es stiehlt Ihr Leben. Gewöhnen Sie sich an, schnell zu handeln, wenn etwas erledigt werden muß. Bauen Sie sich das Image auf, schnell und zuverlässig zu arbeiten. Das Tolle daran ist, daß Sie mit zunehmender Schnelligkeit auch besser werden.

> Je schneller Sie sind, desto mehr Erfahrung bekommen Sie, desto mehr lernen Sie und um so mehr Kompetenz eignen Sie sich an. Je schneller Sie sind, um so mehr Enthusiasmus und Energie werden Sie haben.

Wer gewohnheitsmäßig schnell ist, entwickelt ein völlig anderes Temperament und eine ganz andere Persönlichkeit als Menschen, die sich langsam bewegen oder die bei der Arbeit eine eher gemütliche Haltung zeigen.

Aufgaben sofort erledigen

Erledigen Sie also Ihre Arbeit in „Echt-Zeit". Eine der Möglichkeiten, die Geschwindigkeit, mit der Sie eine Aufgabe angehen, massiv zu beschleunigen, ist, sie *sofort* zu erledigen, sie in dem Moment zu erledigen, in dem sie auftaucht. Es ist wirklich sehr erstaunlich, wieviel Zeit dabei verlorengehen kann, eine Aufgabe anzunehmen, zu begutachten, sie dann wieder wegzulegen und später wieder von vorn anzufangen – und das möglicherweise mehrmals. Manchmal können kleine Aufgaben genauso schnell erledigt werden, wie sie auftauchen. Das wird Sie in den Ruf bringen, jemand zu sein, dem man dringliche Aufgaben übertragen kann.

Sich Erfolgsgewohnheiten aneignen

Erfolgreiche Menschen haben sich *Erfolgsgewohnheiten* angeeignet. Fünfundneunzig Prozent dessen, was Sie täglich tun, beruht auf Gewohnheit. Erfolgreiche Menschen entwickeln positive Gewohnheiten und lassen davon ihr Verhalten bestimmen. Erfolglose Menschen erlauben sich schlechte Gewohnheiten, die zu Mißerfolg und Fehlschlägen führen können.

5. Der Schlüssel zum Wohlstand

Mein Freund *Ed Foreman* sagt:

> „Gute Gewohnheiten sind schwer zu entwickeln, aber es ist leicht, mit ihnen zu leben. Umgekehrt sind schlechte Gewohnheiten leicht zu entwickeln, aber es ist schwer, mit ihnen zu leben."

Gewohnheiten sind konditionierte Antworten auf Reize. Damit ist gemeint, daß man eine Gewohnheit durch Wiederholung entwickelt. Sie tun dasselbe, immer und immer wieder, bis es ein Automatismus wird. Sie sind wie Sportler darauf trainiert, bestimmte Abläufe auf ganz bestimmte Art und Weise immer und immer wieder zu üben, bis alles automatisch läuft, ohne daß man überhaupt noch weiter darüber nachdenken muß.

Gewohnheiten entstehen durch Wiederholung

Übung

Welche Gewohnheiten haben Sie? Welche davon sind Ihrem Erfolg zuträglich?

_____

_____

_____

Eine Erfolgsgewohnheit ist *frühes Aufstehen*. Erfolgreiche Menschen stehen ein wenig früher auf – meist gegen 6 oder 6.30 Uhr morgens –, lesen und bereiten sich vor, planen und organisieren ihren Tag schriftlich voraus und legen schon los, bevor viele andere erst aufstehen.

Erfolgsgewohnheit frühes Aufstehen

Die meisten Menschen brauchen über eine Stunde, nur um aufzustehen, in die Gänge zu kommen und sich dann allmählich zur Arbeit zu schleppen. Aber das gilt bestimmt nicht für Sie. Wenn Ihr Wecker klingelt, sollten Sie gleich aufstehen und den Tag schwungvoll beginnen.

5. Der Schlüssel zum Wohlstand

Verlieren Sie keine Zeit mit Zeitunglesen, Kaffeetrinken oder Plaudern. Verschaffen Sie sich den Ruf, jemand zu sein, der immer bei der Arbeit ist und immer an den wichtigsten Aufgaben zuerst arbeitet. Erlauben Sie anderen Leuten nicht, Sie aus dem Konzept zu bringen. Wenn Sie Kaffee- oder Mittagspause machen wollen, wählen Sie den Zeitpunkt, der am besten paßt, statt nur nach der Uhr zu gehen.

So können Sie Ihre Produktivität steigern

Es gibt eine wirksame Regel, die Sie nutzen können, um Ihre Produktivität und damit vielleicht auch Ihr Einkommen in den nächsten zwölf Monaten zu verdoppeln:

> **Beginnen Sie Ihre Arbeit eine Stunde früher. Seien Sie bereits gut vorbereitet, und gehen Sie gleich voll konzentriert ans Werk.**

Täglich 2 Stunden Zeitgewinn

Die Statistiken zeigen, daß Sie drei Stunden Büroarbeit in einer erledigen können, wenn Sie ohne Unterbrechung bei der Sache sind. Sollten Sie im Vertrieb tätig sein, legen Sie Ihren ersten Termin so früh wie möglich. Viele der wichtigsten Leute, die Sie vielleicht kontaktieren wollen, kommen schon morgens um 7 oder 7.30 Uhr ins Büro. Also – verabreden Sie sich ruhig schon dann, wenn es möglich ist.

Übersicht über die wichtigsten Erfolgsgewohnheiten:

- hartes Arbeiten (50 Stunden die Woche und mehr)
- konzentriert und aus ganzem Herzen arbeiten, und das die ganze Zeit
- schnelles und zuverlässiges Arbeiten
- frühes Aufstehen
- eine Stunde früher mit der Arbeit beginnen.

Die größten Schätze liegen vor den eigenen Füßen

Als ich noch jünger war, dachte ich immer, wenn meine Chance einmal käme, dann würde ich zugreifen und sie nutzen. Später lernte ich, daß die Chancen nie „einfach

5. Der Schlüssel zum Wohlstand

so" vorbeikommen, sondern daß die größten Schätze oft vor den eigenen Füßen liegen. Sie sind genau da, wo Sie gerade stehen. Sie liegen in Ihren gegenwärtigen Talenten, Fertigkeiten, Fähigkeiten und Erfahrungen. Sie liegen in Ihrer eigenen Firma oder Branche, in der eigenen Entwicklung und Karriere. Ihre Diamantenfelder liegen vor Ihren Füßen vergraben, und genau da sollten Sie anfangen zu suchen.

Der amerikanische Präsident *Theodore Roosevelt* sagte einmal:

> „Tu, was du kannst, mit dem, was du hast, genau da, wo du gerade bist."

Konzentrieren Sie sich auf den *Augenblick* und auf Ihre gegenwärtige Situation. Warten Sie nicht darauf, daß alles „genau zusammenpaßt". Es liegt an *Ihnen*, dafür zu sorgen, daß alles genau zusammenpaßt. Wenn Sie sich genau dem, was Sie gerade jetzt tun, in jeder Minute aus ganzem Herzen widmen, öffnen Sie Tür und Tor für Möglichkeiten, die Sie jetzt noch gar nicht erkennen können.

Die Dinge so nehmen, wie sie sind

Lassen Sie sich in diesem Zusammenhang auf eine kleine Übung ein:

Übung

Schauen Sie sich genau in diesem Augenblick einmal um, und fragen Sie sich: „Was kann ich tun, um den wichtigsten Menschen in meinem Arbeitsleben einen Nutzen zu bringen?" Notieren Sie drei Ideen, und setzen Sie eine davon umgehend um.

1. _____

2. _____

3. _____

5. Der Schlüssel zum Wohlstand

Seien Sie proaktiv statt reaktiv
Erinnern Sie sich an die Faktoren Zeit und Wissen. Was könnten Sie tun, damit für diejenigen, die auf Sie angewiesen sind, alles viel schneller, einfacher oder besser geht? Seien Sie pro-aktiv statt re-aktiv. Seien Sie jemand, der zugreift und Gelegenheiten beim Schopf packt, und wenn es keine Gelegenheiten gibt, dann schaffen Sie aus eigener Kraft selbst welche.

Ihre Möglichkeiten sind unbegrenzt
Jegliche Arbeit können Sie als Gelegenheit betrachten, Probleme zu lösen und die Bedürfnisse anderer Menschen zu befriedigen. Da die Probleme und Bedürfnisse anderer Menschen nahezu unbegrenzt sind, sind Ihre Möglichkeiten, zusätzlichen Nutzen zu bieten, genauso unbegrenzt.

> Jedes Vermögen beginnt mit einer Idee, mit der man anderen besser dienlich sein kann.

Den eigenen Wert für andere steigern
Jeder Unternehmer, der eine erfolgreiche Firma gründet und aufbaut, hat in der Regel schon einmal erfolgreich für ein anderes Unternehmen gearbeitet und dort ständig nach neuen Wegen gesucht, seinen Wert für das Unternehmen zu steigern. Die wichtigsten Quellen für Wertschöpfung, die Schlüssel zum Aufbau eines Vermögens, sind Zeit und Wissen. Es liegt bei Ihnen, Ihr Wissen ständig zu erweitern, damit der Wert dessen, was Sie tun, immer größer wird. Sie kennen das ja: Wissen ist Macht! Aber das ist nur teilweise wahr. *Nur Wissen, das sich sinnvoll einsetzen läßt, ist Macht.* Ihre Aufgabe ist es, sich das Wissen anzueignen, das Sie brauchen, um Ihre Arbeit schnell und gut zu machen.

> „Nicht die Größe des Hundes ist im Kampf entscheidend, sondern die Größe des Kampfes im Hund."
> Texanisches Sprichwort

5. Der Schlüssel zum Wohlstand

Unterm Strich läßt sich sagen, daß erfolgreiche Menschen produktiver sind als erfolglose. Erfolgreiche Menschen haben bessere Angewohnheiten. Sie träumen größere Träume. Sie arbeiten mit schriftlich formulierten Zielen. Sie tun das, was sie gerne tun, und konzentrieren sich darauf, immer besser darin zu werden. Sie schöpfen ihre natürlichen Fähigkeiten voll aus. Sie produzieren laufend neue Ideen, um Probleme zu lösen und voranzukommen. Sie setzen sich voll und ganz für optimale Ergebnisse ein. Vor allem aber suchen sie überall nach Möglichkeiten, um allem, was sie tun, mehr Wert beizusteuern. Sie besitzen einen Sinn für Dringlichkeit und sind immer in Aktion. Wenn sie arbeiten, arbeiten sie die ganze Zeit. Und sie entwickeln ein sehr gutes Gefühl dafür, daß es vorwärtsgeht, und fühlen sich zu Recht schon nach kurzer Zeit unaufhaltbar. Und das werden auch Sie tun.

Entwickeln Sie das Gefühl, unaufhaltbar zu sein!

So treffen Sie Entscheidungen richtig

Nicht die richtige Entscheidung ist ausschlaggebend

Erfolgreiche Menschen treffen nicht unbedingt immer die richtigen Entscheidungen. Aber sie treffen ihre Entscheidungen *richtig*. Sie machen sich Gedanken, treffen eine Entscheidung, werden aktiv, bekommen Feedback, korrigieren sich selbst und machen weiter. Weniger erfolgreiche Menschen dagegen haben Bedenken und sind häufig unentschlossen, eine Entscheidung zu treffen, weil sie fürchten, daß sich die Entscheidung als schlecht oder gar falsch erweisen könnte.

Die Angst zu versagen

Wir sagten bereits an anderer Stelle (vgl. Kapitel 1), daß das größte Erfolgshindernis, der gemeinsame Nenner von erlernter Hilflosigkeit und Komfortzone, alle möglichen Formen der Angst sind, vor allem aber die Angst zu versagen. Die Angst zu versagen hält Sie mehr zurück als alles andere im Leben. Sie macht Sie unentschlossen und schwankend. Sie läßt Sie zaudern und zögern. Es ist die Angst zu versagen, die Angst, Sie könnten einen Fehler machen, mit der Sie sich selber sabotieren – sich selbst und Ihre Karriere. Und das ein Jahr nach dem anderen.

Entscheidungsfreudigkeit

Aber wer erfolgreich ist, ist auch entscheidungsfreudig. Alle erfolgreichen Leute haben sich angewöhnt, ihre Informationen sorgfältig zu prüfen und dann aktiv zu werden, auch wenn das Ergebnis nie sicher sein kann.

Werkzeuge für Entscheidungsfindung

In diesem Kapitel werden Sie einige grundlegende Gedanken und eine spezielle Methode kennenlernen, die Sie nutzen können, um bessere Entscheidungen zu

6. So treffen Sie Entscheidungen richtig

treffen. Es sind mentale Werkzeuge, die Sie, wenn Sie sie einmal verstanden haben, für den Rest Ihres Lebens verwenden können.

Als erstes werde ich Ihnen eine Methode in sieben Schritten vorstellen, die Ihnen helfen wird, Probleme zu lösen und bessere Entscheidungen zu treffen. Sie ist einfach und effektiv. Sie enthält alle grundlegenden Elemente zur optimalen Problemlösung und Entscheidungsfindung, und Sie können sie in jedem Bereich Ihres Lebens anwenden.

7 Schritte zur besseren Entscheidung

Schritt 1:
Gehen Sie jedes Problem, jede Situation, die eine wichtige Entscheidung verlangt, zuversichtlich und optimistisch an.

Ändern Sie Ihre Sprachgewohnheit, sagen Sie nicht, „Ich habe ein Problem", sondern nennen Sie es eine *„Situation"*. Ein Problem ist etwas Negatives, während eine Situation eine neutrale Bedeutung hat. Besser noch ist das Wort „Herausforderung". Eine *Herausforderung* ist etwas, das anspricht, etwas, das Sie provoziert, Ihr Bestes zu geben.

Betrachten Sie Probleme als neutrale „Situationen" oder „Herausforderungen"

Am besten jedoch ist das Wort *„Gelegenheit"*. Eine Gelegenheit ermöglicht Ihnen, einen Vorteil aus einer Situation bzw. deren Begleitumständen zu ziehen. Jeder Mensch ist auf der Suche nach Gelegenheiten. Und in jedem Problem steckt der Keim für ebenso große oder noch größere Gelegenheiten oder Vorteile. Ihre Aufgabe ist es, diese zu finden.

In jedem Problem steckt eine Chance

Schritt 2:
Definieren Sie Ihre Situation klar und eindeutig und verwenden Sie unterschiedliche Formulierungen bei der Beschreibung des Problems.

6. So treffen Sie Entscheidungen richtig

Wie sieht die Lage im einzelnen aus? Worüber machen Sie sich Sorgen, was beschäftigt Sie? Eine der primären Ursachen dafür, daß man sich in Problemsituationen Sorgen macht, liegt in dem Versäumnis, diese von vornherein klar zu definieren.

Den Problemhorizont ausweiten

Nachdem Sie die Situation klar definiert haben, ist es außerordentlich wichtig, daß Sie nach Möglichkeiten suchen, Ihre Definition der Problemsituation zu erweitern oder zu verbessern. Fragen Sie sich selbst: „Was gehört noch zum Problem?"

Beispiel

Wenn ich zum Beispiel Vertriebsunternehmen berate, höre ich häufig, die Verkaufszahlen seien nicht hoch genug. Diese Problemdefinition führt unweigerlich zu einer bestimmten Denkhaltung und zu bestimmten Lösungsmöglichkeiten. Aber was wäre, wenn das Problem neu definiert würde und man statt dessen sagen würde: „*Unsere Kunden kaufen uns nicht genug ab.*"? Dies ist eine andere Formulierung desselben Problems, führt aber in eine ganz andere Richtung. Wenn Kunden nicht genug kaufen, stellt sich die Frage, was man tun könnte, um sie dazu zu bringen, mehr zu kaufen, und im nächsten Schritt, was man tun könnte, um die Produkte oder Dienstleistungen für den Kunden attraktiver zu gestalten. Eine andere Möglichkeit, das Problem zu formulieren, könnte sein: „*Unsere Kunden kaufen zuviel bei der Konkurrenz.*" Auch diese Problembeschreibung würde in eine völlig andere Richtung führen. Was sehen die Kunden in den Angeboten der Mitbewerber? Wie könnte man die Vorteile oder Zusatznutzen ausgleichen, die die Kunden bei der Konkurrenz wahrnehmen?

Alternative Lösungsansätze

Die Beispiele verdeutlichen, daß unterschiedliche Problembeschreibungen zu völlig unterschiedlichen Lösungsansätzen führen können, was Sie am Ende sehr wahrscheinlich zu einer hervorragenden Lösung und einer guten Entscheidung führen wird.

Schritt 3:
Finden Sie die möglichen Ursachen für die Problemsituation heraus.

Unsere natürliche Tendenz ist es, ein oder zwei Lösungsmöglichkeiten zu sehen und uns dann für eine davon zu entscheiden. Aber die *Quantität* möglicher Lösungen, die Sie zum Beispiel durch ein Brainstorming erhalten, bestimmt über die *Qualität* derjenigen Lösung, für die Sie sich letztendlich entscheiden. In dieser Phase des Prozesses ist es Ihre Aufgabe, so viele unterschiedliche Lösungen wie möglich zu entwickeln.

Die Quantität entscheidet über die Qualität

Eine praktische Übung, die mir in schwierigen Situationen immer wieder geholfen hat, ist folgende:

Übung
Stellen Sie sich einen Moment lang vor, daß Sie mit Ihrem bisherigen Denkansatz zur Entscheidungsfindung völlig falsch lägen. Malen Sie sich die Situation aus, die einträte, wenn die richtige Antwort das genaue Gegenteil von dem wäre, was Sie bisher angenommen haben. Wie würde das Ihren Umgang mit der Situation verändern?

_____

_____

_____

Diese Übung öffnet Ihr Bewußtsein für wesentlich mehr Lösungsmöglichkeiten, als wenn Sie sich nur vorstellen, die Dinge, die Sie tun, auf andere Art und Weise zu tun.

Schritt 4:
Definieren Sie alle möglichen Lösungswege ausgehend von Ihrer Beschreibung der Situation und Ihrer Liste der möglichen Ursachen.

6. So treffen Sie Entscheidungen richtig

Je mehr Lösungen, desto besser die Entscheidung

Schreiben Sie so viele verschiedene Lösungen auf, wie Sie finden können. Benutzen Sie Brainstorming und/oder Mindstorming, wenn es Ihnen angebracht scheint. Je mehr Lösungen und Lösungs-Kombinationen Sie erarbeiten, um so besser wird Ihre Entscheidung am Ende sein.

Schritt 5:
Wenn Sie erst einmal eine Reihe von Lösungen entworfen haben, treffen Sie eine Entscheidung.

Dulden Sie keinen Aufschub!

Oftmals ist irgendeine Entscheidung besser als gar keine. Mindestens achtzig Prozent der Problemsituationen, mit denen Sie konfrontiert werden, sollten sofort in Angriff genommen und gelöst werden. Unentschlossenheit und Aufschub kleinerer Entscheidungen sind eine der Hauptursachen für Streß und außerdem eine schreckliche Zeitverschwendung.

Worst case und „Plan B"

Bevor Sie die Entscheidung treffen, können Sie sich zwei Fragen stellen:

1. Was kann im allerschlimmsten Fall passieren, wenn Sie diese Entscheidung umsetzen? Überlegen Sie, wie der ultimative Fehlschlag aussehen würde. Erstellen Sie einen sogenannten „Katastrophenplan" für diese bestimmte Lösung.

2. Was wäre alternativ die Lösung? Ihre Fähigkeit, einen „Plan B", eine Alternativlösung, zu entwikkeln, auf die Sie zurückgreifen können, falls die erste Lösung nicht greift, erhöht Ihre Flexibilität ungemein und verschafft Ihnen zusätzliche Sicherheit.

John Paul Getty, der einmal zu den reichsten Männern der Welt gehörte, antwortete auf die Frage nach seinem Erfolgsgeheimnis, daß er vor jedem Geschäftsabschluß erstens überlege, was das Schlimmste sei, das passieren könnte, wenn das Geschäft danebenginge, und zweitens sicherstelle, daß genau das nicht passiert.

6. So treffen Sie Entscheidungen richtig

Schritt 6:
Legen Sie die genauen Verantwortlichkeiten für die Durchführung der Entscheidung fest.

Wer genau wird die nötigen Schritte einleiten und durchführen? Was genau muß getan werden? Wenn mehrere Personen beteiligt sind, was sind die spezifischen Verantwortungsbereiche jedes einzelnen?

Schritt 7:
Setzen Sie ein Zeitlimit.

Wenn es sich um eine größere Entscheidung handelt, setzen Sie Teilfristen und erstellen Sie Ablaufpläne, um die Umsetzung überprüfen zu können.

> Eine Entscheidung ohne Frist ist wie eine Unterhaltung ohne Ende – lediglich eine rhetorische Übung.

Erst ein Zeitlimit macht die Entscheidung verbindlich, macht sie zu etwas Konkretem und Greifbarem, auf das sich die Leute einstellen und wofür sie aktiv werden können.

Wenn Sie eine Entscheidung erst einmal getroffen haben, sollten Sie die Möglichkeit eines Mißerfolgs nicht mehr in Betracht ziehen. Wie ich schon sagte, ist es viel mehr die *Angst* vor dem Mißerfolg als der Mißerfolg selbst, wodurch Menschen sich selbst blockieren. Es ist die *Kraft der Entscheidung*, die Bereitschaft, klare, eindeutige Entscheidungen zu treffen und sie dann mit Blick auf Ihre Träume und Ziele in die Tat umzusetzen, die Ihnen letztendlich alles ermöglichen wird. **Die Kraft der Entscheidung**

In der Kraft der Entscheidung liegt etwas, das all Ihre geistigen Kräfte aktiviert. Es stärkt Ihren Mut und Ihre Zuversicht, es erhöht Ihre Selbstachtung. Es steigert Ihre Energie und Ihren Enthusiasmus, Ihr Selbstbewußtsein. **Mehr Selbstachtung und Energie**

6. So treffen Sie Entscheidungen richtig

Klare, unmißverständliche Entscheidungen darüber zu treffen, wer Sie sind, was Sie anstreben und was Sie tun werden, befreit Sie von der Unentschlossenheit, in der die meisten Menschen gefangen sind.

Mißerfolge gehören dazu

Haben Sie keine Angst davor, hin und wieder zu versagen. Alle großen Erfolge gründen auf großen Mißerfolgen. *Thomas Edison* war wohl der größte Versager in der Geschichte der Erfindungen. Aber – er war auch einer der erfolgreichsten Erfinder unserer Zeit. Es bedurfte mehr als elftausend Experimente, bevor er einen mit Kohlenstoff behandelten Glühfaden entwickelte, der schließlich zur Entwicklung der ersten elektrischen Glühbirne führte. Er ließ nie locker. Für ihn war Erfolg ein Prozeß, in dem alle Möglichkeiten, die nicht funktionierten, eliminiert wurden, bis nur noch eine Möglichkeit übrigblieb. Der Rest ist Geschichte.

> „Wenn Sie schneller erfolgreich sein wollen, müssen Sie die Anzahl Ihrer Mißerfolge verdoppeln. Erfolg liegt auf der anderen Seite eines Berges von Mißerfolgen."
>
> Thomas Watson Senior,
> Gründer von IBM

Prioritäten setzen

Eines der wichtigsten Elemente von Entschiedenheit ist Ihre Fähigkeit, *Prioritäten* zu setzen. Diesbezüglich gibt es einige sehr wichtige Regeln, die Sie beachten sollten.

Unnötiger Perfektionismus

Die erste Regel ist, daß die allerschlechteste Art, Ihre Zeit zu nutzen, darin besteht, etwas besonders gut zu machen, was eigentlich gar nicht nötig ist.

Versagensangst

Viele Menschen verbringen enorm viel Zeit damit, sich einem sogenannten *„unnötigen Perfektionismus"* zu widmen. Sie arbeiten viele Stunden daran, einen bestimmten Job oder eine Aufgabe wirklich hundertprozentig richtig zu machen, obwohl diese Aufgabe im Grunde eigentlich gar nicht wichtig ist. Meist tun sie

6. So treffen Sie Entscheidungen richtig

das, weil sie damit unbewußt vermeiden, wirklich wichtige und verantwortungsvolle Aufgaben anzugehen, die einerseits weitreichende Konsequenzen haben, wo andererseits aber auch große Mißerfolge möglich sind.

Die Angst vorm Versagen ist heimtückisch. Sie sitzt tief in Ihrem Unterbewußtsein und sabotiert Sie, ohne daß Sie überhaupt etwas davon mitbekommen. Der normale Mensch ist ständig damit beschäftigt, Dinge vor sich herzuschieben oder Verantwortung auf andere abzuwälzen, die, wenn er sie anpacken und richtig gut machen würde, sein Leben nachhaltig positiv verändern könnten. Lassen Sie es nicht soweit kommen!

Eine weitere Regel in bezug auf Prioritäten: Da Sie immer nur eine Sache zur selben Zeit tun können, bedeutet die Entscheidung *für* etwas gleichzeitig, alles andere in diesem Moment *nicht* zu tun.

Die Entscheidung für etwas = die Entscheidung gegen etwas

Bevor Sie mit einer bestimmten Sache anfangen, sollten Sie bedenken, was Sie *nicht* machen werden. Zum Beispiel abends den Fernseher einzuschalten bedeutet, sich *nicht* mit Ihrem Ehepartner oder Ihren Kindern zu unterhalten. Zeitung zu lesen oder sich im Büro zu unterhalten bedeutet, mit den wichtigen Aufgaben, die für Ihre Karriere von grundlegender Bedeutung sind, nicht weiterzukommen.

Die dritte Regel für Prioritäten ist, daß jede Tat eine Wahl zwischen dem darstellt, was wertvoll ist, und dem, das weniger wertvoll ist. Ihre Fähigkeit, zwischen sich gegenseitig ausschließenden Alternativen zu wählen, bestimmt alles, was mit Ihnen geschehen wird. Daher ist es so wichtig zu lernen, eine gute Wahl zu treffen.

Sie entscheiden zwischen wertvoll und weniger wertvoll

Entscheidungsfreude zu entwickeln erfordert neben der Fähigkeit, Prioritäten zu setzen, auch, daß Sie lernen, Dinge hintanzustellen. Dinge, die Sie hintanstellen, sind solche, auf die Sie weniger Zeit verwenden, die Sie spä-

Dinge hintanstellen

6. So treffen Sie Entscheidungen richtig

später machen – wenn überhaupt. Der einzige Weg, mehr Zeit für die Dinge zu bekommen, die für Ihr Leben wirklich von Bedeutung sind, ist zu entscheiden, welche Aktivitäten Sie reduzieren oder ganz einstellen werden.

Die 80/20-Regel Ein sehr nützliches Instrument, das Ihnen helfen kann, sich leichter zu entscheiden, ist die *80/20-Regel*. Sie besagt schlicht und einfach, daß achtzig Prozent Ihrer Ergebnisse aus nur zwanzig Prozent all Ihrer Aktivitäten resultieren. In einem Unternehmen werden achtzig Prozent der Umsätze von zwanzig Prozent aller Kunden getätigt. Achtzig Prozent der Gewinne lassen sich auf zwanzig Prozent aller Produkte zurückführen und so weiter. Bevor Sie also beginnen, beliebige Aufgaben oder Aktenstapel abzuarbeiten, treten Sie noch einmal einen Schritt zurück und legen Sie fest, welche die zwanzig Prozent sind, die für achtzig Prozent Ihrer Ergebnisse sorgen werden. Anschließend widmen Sie sich diesen entscheidenden Aufgaben, und zwar so lange, bis sie erledigt sind.

Konzentration Voraussetzung hierfür – und gleichzeitig eine der wichtigsten Aufgaben des Erwachsenenlebens – ist die Fähigkeit, sich zu konzentrieren. Dazu bieten wir Ihnen eine einfache, aber sehr wirkungsvolle Übung an.

Übung

Stellen Sie sich folgende Frage: „Wenn ich für einen Monat in ein anderes Land beordert würde und ich könnte nur noch eine Aufgabe erledigen, bevor ich gehe, welche Aufgabe wäre das?"

Die schwierigsten Aufgaben bringen Sie am weitesten Diese Frage ist sehr gut, um einen klaren Kopf zu bekommen. Dabei werden Sie erkennen, daß es wahrscheinlich eine Ihrer umfangreichsten und schwierigsten Aufgaben ist, die die größten Auswirkungen auf Ihr Leben hätte, wenn Sie sie, und zwar bestmöglich, erledigen würden.

6. So treffen Sie Entscheidungen richtig

Konzentration auf das Wesentliche

Fassen Sie danach den Entschluß, sich einzig und allein dieser Aufgabe zu widmen und dabeizubleiben, bis sie erledigt ist. Bleiben Sie ohne Zerstreuung oder Ablenkung bei der Sache. Konzentrieren Sie Ihr ganzes Bewußtsein und all Ihre Energien darauf, diese Aufgabe abzuschließen, ganz gleich, wie lange es dauert. Das ist eines der wichtigsten Prinzipien des Zeitmanagements, die je entdeckt wurden.

> Wählen Sie Ihre wichtigste Aufgabe aus und arbeiten Sie solange daran, bis sie hundertprozentig erfüllt ist. Wenn Sie sich nach diesem Prinzip richten, werden Sie Außergewöhnliches erreichen.

Investieren Sie Ihre Zeit in produktive Tätigkeiten

Um es mit einfachen Worten zu sagen: Erfolgreich sind solche Menschen, die mehr Zeit damit verbringen, produktivere Dinge zu tun. Leute, die ständig Mißerfolge produzieren, verwenden einfach mehr Zeit darauf, weniger produktive Dinge zu tun.

> Der wesentliche Unterschied zwischen Erfolg und Mißerfolg ist, seine Zeit zu nutzen oder sie zu verschwenden.

Strategisches Vorgehen

Erfolgreiche Menschen gehen strategisch vor. Sie verwenden viel Zeit darauf, zu überlegen, wo sie stehen und wohin sie wollen. Sie richten ihre Energie und Aufmerksamkeit auf ein oder zwei Dinge, die ihr Leben in dieser Situation nachhaltig beeinflussen können, und bleiben solange am Ball, bis diese erfolgreich abgeschlossen sind. Sie sind dadurch in allem, was sie tun, ungewöhnlich produktiv.

Aufschieberitis und Verzettelung

Erfolglose Menschen hingegen tun viele Dinge, die wenig oder keinen Wert haben. Sie verzetteln sich in Einzelaufgaben und schieben damit die Dinge, die wirklich von Bedeutung sind, vor sich her. Am Ende des Tages fühlen sie sich gestreßt und besorgt, gehen müde nach Hause und klagen darüber, was für einen anstren-

6. So treffen Sie Entscheidungen richtig

genden Tag sie hatten. Die wirkliche Ursache für ihren Streß besteht aber darin, daß die Hauptaufgaben immer größer und bedrohlicher werden, wie eine Lawine, die über ihnen hängt und herabzustürzen droht. Wichtige Aufgaben verschwinden nicht, indem sie unerledigt bleiben, ganz im Gegenteil, sie erhalten eine immer höhere Dringlichkeit.

Übung
Diese Fragen sollten Sie sich einprägen: „Wie kann ich meine Zeit im Augenblick am sinnvollsten verwenden? Ist meine aktuelle Tätigkeit die wichtigste Sache, die ich im Augenblick tun kann?"

Klarheit schafft Entscheidungskraft

Die Kraft der Entscheidung wächst mit Ihrer Klarheit. Sie werden viel entschiedener, wenn Sie sich absolut klar darüber sind, was Sie wollen und was Sie machen müssen, um es zu erreichen. Sie werden entschiedener, wenn Sie Ihre Vorhaben und Ihre Arbeit strukturieren und klare Prioritäten setzen, um von da, wo Sie jetzt sind, dorthin zu kommen, wo Sie hin wollen. Sie werden wesentlich entscheidungsfreudiger, wenn Sie einen Weg finden, Ihre Angst vor Mißerfolg zu überwinden und selbst dann zu handeln, wenn es keine Garantie für Erfolg gibt.

Das Denken in Möglichkeiten

Die Art und Weise, wie Sie über sich selbst und Ihr Leben denken, bestimmt fast alles, was Ihnen im Leben widerfährt. Ihr wichtigstes Anliegen sollte es sein, *Kontrolle* über Ihr Denken zu bekommen und all Ihre Worte und Gedanken ganz auf die Dinge zu konzentrieren, die Sie in Ihrem Leben erreichen wollen. Gleichzeitig sollten Sie Ihre Worte und Gedanken von allem fernhalten, was Sie nicht wollen. Diese einfache Regel ist der wahre Schlüssel zu Erfolg, besonderer Leistung, Zufriedenheit und eigenem Wachstum.

Kontrollieren Sie Ihr Denken

Wir wollen uns in diesem Kapitel mit dem „Denken in Möglichkeiten" befassen. In *Möglichkeiten* zu denken bedeutet, die Welt und die Dinge, die um einen herum geschehen, eher als *Chancen* denn als Schwierigkeiten oder Probleme zu sehen. Eine solche Sichtweise ist reine Gewohnheitssache, und wie alle Gewohnheiten ist sie erlernt. Durch beständiges Wiederholen können Sie sich antrainieren, bei allem, was Sie tun, grundsätzlich *positiv* und *konstruktiv* zu denken.

Chancen statt Probleme sehen

In allen Lebensbereichen steht Erfolg in sehr engem Zusammenhang mit einer positiven inneren Haltung. Und im allgemeinen hat man auch am liebsten jemanden um sich herum, der zufrieden mit sich und seinem Leben ist. Niemand mag so recht mit negativen, pessimistischen und sich ständig beklagenden Menschen zu tun haben.

Positive innere Haltung

Unglücklicherweise kann man sich recht leicht angewöhnen, sich über alles zu beklagen und eine negative

7. Das Denken in Möglichkeiten

Negative Einflüsse durch Medien und Menschen

Sichtweise anzunehmen. Wir sind ja ständig von negativen Einflüssen umgeben: durch Radio, Fernsehen, Zeitung, Zeitschriften und leider auch durch die täglichen Kontakte mit anderen Menschen. Es ist nicht leicht, sich über die Flut der Negativität, die uns umgibt, zu erheben, aber es ist absolut notwendig, wenn Sie Ihre gute Stimmung erhalten und Ihre Ziele erreichen wollen.

Konstruktive Reaktion auf Streß

Eine positive innere Haltung kann man als „konstruktive Reaktion auf Streß" definieren. Streß ist unvermeidbar. Mißerfolge, Enttäuschungen, Rückschläge, Hindernisse und Schwierigkeiten geschehen jedem, jederzeit. Das einzige, worüber Sie in irgendeiner Form Kontrolle haben, ist, *wie* Sie auf diese Streßfaktoren reagieren. Wenn Sie positiv und konstruktiv damit umgehen, können Sie auch in Streßsituationen eine positive Haltung bewahren. Die Folge: Sie werden wacher und kreativer sein, und die Wahrscheinlichkeit, daß Sie Möglichkeiten finden, Ihre Probleme zu lösen und das zu erreichen, was Sie erreichen wollen, ist wesentlich größer. Wenn Sie negativ reagieren, blockieren Sie sich selbst und beschneiden Ihre Kreativität.

Das Denken in Möglichkeiten nach der 5-Stufen-Methode

Es gibt eine sehr kraftvolle *5-Stufen-Methode*, die Sie lernen können, um überwiegend positiv zu reagieren. Diese 5-Stufen-Methode nutzt die bedeutendsten Ergebnisse der modernen Verhaltenspsychologie. Sie enthält und verdeutlicht alle wichtigen Prinzipien, die Sie kennen sollten, um effektives, positives „Denken in Möglichkeiten" wirklich anwenden und leben zu können.

1. Idealisieren

Idealer Lebensentwurf

Der Ausgangspunkt, um Ihr Leben, Ihre Persönlichkeit zu verändern, Ihre Selbstachtung, Ihren Mut und Ihr

7. Das Denken in Möglichkeiten

Selbstvertrauen zu steigern, liegt darin, daß Sie sich Ihr Leben in idealer Form vorstellen. Beim Idealisieren durchlaufen Sie alle entscheidenden Bereiche in Ihrem Leben gedanklich und stellen sich vor, wie jeder einzelne Bereich aussehen würde, wenn er genau so wäre, wie Sie ihn sich in allen Aspekten wünschen.

Fangen Sie mit Ihrem Einkommen an. Wieviel wollen Sie in ein, zwei, drei oder in fünf Jahren verdienen? Welches Wissen, welche Fähigkeiten und Fertigkeiten werden Sie brauchen, um diesen Betrag zu verdienen? Welcher Tätigkeit werden Sie nachgehen? In welcher Position müssen Sie in Ihrer Firma oder in Ihrem Beruf sein? An wen werden Sie verkaufen, welche Art von Produkten und Dienstleistungen werden Sie anbieten müssen?

Ideales Einkommen

Wenn Sie Ihr Einkommen und Ihren Lebensstil idealisieren, dann fangen Sie an, zum Visionär Ihres eigenen Lebens zu werden. Sie beginnen, die wichtigste Qualität einer Führungspersönlichkeit zu trainieren – nämlich sich in die Zukunft hineinzudenken und darüber nachzudenken, wie Sie Ihre Zukunftsträume zur Realität werden lassen können.

Visionen entwickeln

Wenn ich eine Strategieplanung für Unternehmen entwerfe, gilt es zunächst, die *Vision* zu beschreiben, eine Aussage darüber zu treffen, wie das Unternehmen in Zukunft aussehen soll. In Ihrer eigenen Strategieplanung könnte die Vision beispielsweise lauten: *„Ich bin ein gesunder, glücklicher, positiver Mensch, der ausgezeichnete Arbeit leistet, der extrem gut bezahlt, von seinen Kollegen sehr geschätzt und von seiner Familie innig geliebt wird."*

Eine solche Vision oder Aussage über Ihre ideale zukünftige Situation dient als eine Art Maßstab, den Sie anlegen können, um zu vergleichen, ob das, was Sie tagtäglich tun, mit dem übereinstimmt, wo Sie hinkommen wollen. Eines der heutigen Probleme ist, daß man über-

Visionen dienen als Maßstab und Orientierung

7. Das Denken in Möglichkeiten

lastet ist durch zuviel Arbeit, durch eine große Vielfalt an Möglichkeiten und Dingen, über die man nachdenken muß – und durch zuwenig Zeit. Wenn Sie beginnen, sich klar darüber zu werden, wo Sie in Zukunft stehen wollen, können Sie auf sehr kreative Art und Weise all das aufgeben, was einfach nicht mit Ihrer Vision übereinstimmt.

Gesundheit Sie sollten sich auch Ihre *Gesundheit* als ideal vorstellen. Wie sieht Ihr Idealgewicht aus, und wie fit wollen Sie sich fühlen? Welche Schritte werden Sie unternehmen müssen, und wie werden Sie Ihre Gewohnheiten in bezug auf Ihre Gesundheit verändern müssen, um den idealen Zustand zu erreichen, den Sie persönlich anstreben? Entwickeln Sie eine Zukunftsvision von sich selbst, die Ihr persönliches Ideal von Gesundheit und Wohlbefinden zeigt.

Familie Auch Ihre *Familienbeziehungen* sollten Sie idealisieren. Ein guter Freund von mir setzte sich mit seiner Frau und seinen Kindern zusammen, und sie malten sich gemeinsam aus, wie sie ihr Familienleben am besten gestalten könnten, wenn es keine Einschränkungen gäbe. Resultat dieser Übung war, daß sie einige weitreichende Entscheidungen trafen. Sie zogen von der Großstadt in ein großes Haus mit Garten auf dem Land. Mein Freund organisierte seine Arbeitswoche so um, daß er an vier Tagen zehn bis zwölf Stunden in der Stadt arbeitete und an den anderen Tagen nur drei oder vier Stunden in seinem Büro zu Hause. So kann er heute sehr viel mehr Zeit mit seiner Familie verbringen und lebt letzten Endes ein viel zufriedeneres Leben als vorher. Außerdem haben sich dadurch sowohl seine Arbeitsergebnisse als auch – in der Konsequenz – sein Einkommen deutlich verbessert.

Persönliche und berufliche Entwicklung Und schließlich sollten Sie für sich selbst, für Ihre *persönliche und berufliche Entwicklung,* das Ideal festlegen. Was für ein Mensch wollen Sie in Zukunft sein? Welche zusätzlichen Kenntnisse und welche Fähigkeiten wollen

7. Das Denken in Möglichkeiten

Sie sich aneignen? Wollen Sie Sprachen lernen oder mit Computern und Online-Diensten umgehen können? Auf welche Themen wollen Sie sich spezialisieren? Wie sehen Ihre Bildungspläne aus, um von da, wo Sie jetzt stehen, dorthin zu kommen, wo Sie hin wollen?

Das Definieren Ihrer Idealvorstellungen in allen Bereichen, die Ihnen wichtig sind, setzt den Impuls dafür, Entscheidungen zu treffen, die Sie letztendlich zu mehr Erfolg und Zufriedenheit in der Zukunft führen werden. Je weiter Sie sich auf ein klares Ziel und auf Ihre Ideale hin bewegen, um so zuversichtlicher werden Sie und um so mehr Energie steht Ihnen zur Verfügung. Mit der folgenden Übung können Sie einen wichtigen Schritt in die richtige Richtung gehen.

Impulse setzen

Übung

Überlegen Sie, wie Ihre Zukunft aussehen soll. Definieren Sie für alle Bereiche eine Idealvorstellung, eine Vision, die Sie mit wenigen Worten umschreiben.

Einkommen/Lebensstil: _____

_____

Gesundheit: _____

_____

Familie: _____

_____

Persönliche/berufliche Entwicklung: _____

_____

7. Das Denken in Möglichkeiten

2. Verbalisieren

Positive Affirmationen
Im zweiten Teil der 5-Stufen-Methode geht es um die Verwendung *positiver Affirmationen,* mit denen Sie das verbalisieren, was Sie tun, haben und sein wollen. Das Faszinierende an solchen autosuggestiv wirkenden Sätzen ist, daß alles, was Sie sich selbst immer wieder ganz bewußt sagen, allmählich auch von Ihrem Unterbewußtsein aufgenommen wird. Dies gilt selbstverständlich für negative Aussagen oder Ängste in gleicher Weise – also aufgepaßt!

Persönlich, positiv, Gegenwartsform
Jede Affirmation muß *persönlich, positiv* und in der *Gegenwartsform* formuliert sein. Um Ihnen ein Beispiel zu geben: Eine sehr einfache, aber wirkungsvolle Affirmation ist: *„Ich mag mich!"* Wenn Sie diese drei Worte häufiger am Tag wiederholen, verankern Sie diese Botschaft tief in Ihrem Unterbewußtsein. Diese Affirmation steigert Ihre Selbstachtung, und – beobachten Sie sich einmal selbst – es scheint, daß alles, was Sie im Anschluß tun, Ihnen besser gelingt. Je mehr Sie sich selbst mögen, um so besser klappt alles – und je besser alles klappt, um so mehr mögen Sie sich selbst.

Eine andere sehr gute Affirmation, mit der Sie sich hervorragend motivieren können: *„Ich bin der Beste! Ich bin der Beste! Ich bin der Beste!"* Wenn Sie ständig positiv von sich sprechen, wenn Sie sich selbst so richtig anfeuern, werden Sie schnell spüren, wie Sie tatsächlich in allem, was Sie tun, immer besser und besser werden.

Übung
Finden Sie Ihre eigene positive Affirmation. Formulieren Sie eine persönliche Aussage, mit der Sie sich schon morgens beim Aufwachen positiv auf den Tag einstimmen können. Benutzen Sie die Gegenwartsform und beschränken Sie sich auf einfache, klare Wörter.

7. Das Denken in Möglichkeiten

Fünfundneunzig Prozent unserer Gefühle werden durch die Art und Weise bestimmt, wie wir zu uns selbst sprechen. Die Studie von *Dr. Martin Seligman* über „Erlernten Optimismus" an der Universität von Pennsylvania kam zu dem Schluß, daß der eigene *„Erklärungsstil"* der entscheidende Faktor dafür ist, ob man ein eher positiver oder negativer Mensch ist.

Unser Erklärungsstil lenkt unsere Gefühle

Ihr „Erklärungsstil" ist die Art und Weise, wie Sie sich etwas selbst erklären. Wenn Sie sich die Dinge positiv erklären, neigen Sie dazu, positiv zu sein. Wenn Ihre Erklärungen eher negativ sind, neigen Sie dazu, negativ zu sein. *Seligmans* Untersuchungen ergaben weiterhin, daß optimistische Menschen, wenn etwas schiefgeht, dieses als eine vorübergehende, spezifische Situation betrachten und nicht als langfristigen, allgemeinen Umstand.

Ein Beispiel: Sagen wir einmal, Sie führen ein Verkaufsgespräch am Telefon und kommen zu keinem Ergebnis. Wenn Sie ein positiver Mensch sind, würden Sie vielleicht sagen: „Abgehakt. Beim nächsten Gespräch habe ich mehr Erfolg." Damit ist es etwas *Vorübergehendes*. Sie könnten auch sagen: „Wahrscheinlich hat der Kunde einen schlechten Tag." Damit ist es *spezifisch*. Wenn Sie in dieser Art mit vorübergehenden Rückschlägen umgehen, bleiben Sie ein ziemlich gut gelaunter Mensch.

Mißerfolge als vorübergehende Situationen betrachten

Negative Menschen hingegen betrachten kleine Rückschläge im Leben sofort als Manifestation ihrer persönlichen Defizite. Wenn das Verkaufsgespräch nicht zum gewünschten Ergebnis kommt, neigen sie zu Verallgemeinerungen und Dramatisierungen: „Ich bin einfach ein schlechter Verkäufer – das Produkt ist nicht gut – die

Negative Menschen dramatisieren und verallgemeinern

7. Das Denken in Möglichkeiten

Kunden sind nicht interessiert an dem, was wir zu bieten haben – ich werde niemals Erfolg in diesem Bereich haben." Die Alternative wäre gewesen, sich von der Situation zu lösen und mit dem nächsten Anruf weiterzumachen. Alles ist eine Frage der Wahl. Sie lenken Ihre Gefühle damit, wie *Sie wählen*, sich eine Situation zu erklären.

Probleme als Chancen Erinnern Sie sich daran, was wir über die Kraft der Entscheidung sagten: Wenn Sie ein Problem als eine Situation, eine Herausforderung oder, besser noch, als eine Chance definieren, sieht Ihre Reaktion auf das Problem völlig anders aus. Wenn Sie jedes Problem als eine mögliche Chance betrachten, werden Sie oftmals eine gute Gelegenheit oder Chance darin entdecken, die Sie nutzen können.

Norman Vincent Peale hat immer gesagt:

> „Wenn Gott dir ein Geschenk senden will, verpackt er es in ein Problem."

Je größer das Problem ist, das Sie haben, um so größer wird das Geschenk sein, das in Form einer wertvollen Lektion oder von Ideen und Einsichten darin enthalten sein könnte. Ist ein Glas halb voll oder halb leer? Sie haben die Wahl.

3. Visualisieren

Negative und positve Erfahrungen Der dritte Teil der 5-Stufen-Methode ist die Visualisierung. Wir haben schon über Visualisierung gesprochen und wie hilfreich sie Ihnen bei der Erreichung Ihrer Ziele sein kann. Nebenbei bemerkt: *Jeder visualisiert!* Vor jeder neuen Erfahrung rufen sich zum Beispiel erfolgreiche Menschen eine frühere, ähnliche Erfahrung ins Gedächtnis, die erfolgreich verlief, und durchleben sie noch einmal. Weniger erfolgreiche Menschen dagegen rufen sich vor einer neuen Erfahrung einen früheren Mißerfolg

7. Das Denken in Möglichkeiten

ins Gedächtnis und durchleben ihn erneut. In beiden Fällen wird damit vorab ein Zustand geschaffen, der Sie in der aktuellen Situation beeinflußt.

Ein wichtiges Prinzip beim Visualisieren ist, daß Sie Ihre Bilder so lebendig und klar wie möglich gestalten. Je klarer Ihre inneren Bilder sind, desto schneller werden Sie Ihre Ziele realisieren können. Visualisierung ist eine der mächtigsten Optionen, die Ihnen zur Verfügung stehen, um sich das Denken in Möglichkeiten anzueignen.

Lebendige Bilder visualisieren

Visualisierungstechniken sind zudem sehr einfache und praktische Instrumente, um sich *kurzfristig* auf wichtige Situationen optimal vorzubereiten. Dabei nehmen Sie sich vor einem wichtigen Ereignis, wie etwa vor einem Verkaufsgespräch, einem wichtigen Meeting oder einem Interview, einen Augenblick Zeit und bereiten sich innerlich auf einen erfolgreichen Verlauf der Situation vor. Das funktioniert, indem Sie ein paar tiefe Atemzüge nehmen, sich damit entspannen und Ihr Unterbewußtsein öffnen. Dann stellen Sie sich das *ideale Ergebnis* der Situation vor, die Ihnen bevorsteht. Wenn Sie beispielsweise ein Verkaufsgespräch führen wollen, visualisieren Sie, wie der Kunde positiv und zuversichtlich auf Sie reagiert, und visualisieren Sie vor allem, wie der Kunde einen Scheck oder eine Bestellung am Ende des Gesprächs unterzeichnet. Ihre Vorstellung sollte dabei so lebendig wie möglich sein.

Kurzfristige Vorbereitung

Im nächsten Schritt entwickeln Sie eine *positive Affirmation,* die zu Ihrem geistigen Bild paßt. Eine einfache Affirmation wäre etwa: „Dieses Verkaufsgespräch verläuft ausgesprochen gut und findet einen für alle Beteiligten zufriedenstellenden Ausgang." Entsprechend können Sie vorgehen, wenn Sie ein Vorstellungsgespräch oder eine Rede vor sich haben. Viele Schauspieler und Politiker verwenden diese Technik, die nur wenige Sekunden unmittelbar vor dem Ereignis in Anspruch nimmt. Versuchen Sie es selbst, Sie werden sehen, was passiert.

7. Das Denken in Möglichkeiten

Mentales Training Eine weitere Technik, die Sie verwenden können, wird in der Sportpsychologie „mentales Training" genannt. Dabei sitzen oder liegen Sie völlig entspannt und mit geschlossenen Augen und atmen tief ein und aus, bis Ihr ganzer Körper ruhig und entspannt ist. Dann visualisieren Sie ein bevorstehendes Ereignis oder ein gewünschtes Ziel klar und deutlich. Erlauben Sie sich dabei, in den inneren Bildern vollkommen zu versinken und sie ganz deutlich vor Ihrem inneren Auge zu sehen. Die beste Zeit für ein solches mentales Training ist kurz vor dem Schlafengehen. Sie werden feststellen, daß oft, wenn Sie morgens aufwachen, Ideen und Erkenntnisse auftauchen, die Sie unmittelbar zur Erreichung Ihrer Ziele nutzen können.

Lassen Sie Ihr Unterbewußtsein für sich arbeiten! Sie können mit dieser Methode Ihr Unterbewußtsein auch auf eine ganze Reihe anderer Dinge ausrichten. Wenn Sie etwa ein Problem haben, das Sie irgendwie beunruhigt, übergeben Sie es kurz bevor Sie schlafen gehen Ihrem Unterbewußten und fragen Sie nach einer Lösung. Dann vergessen Sie es einfach und schlafen ein. Sehr oft, wenn Sie morgens aufwachen, wird Ihnen die Lösung des Problems klar und deutlich erscheinen. Nichts anderes ist übrigens gemeint, wenn wir sagen, wir „überschlafen" etwas – zum Beispiel eine wichtige Entscheidung – noch einmal.

Frisch in den Morgen Ich selbst nutze diese Form des mentalen Trainings, um sicherzustellen, daß ich morgens positiv und voller Energie aufwache. Diese Methode ist sehr einfach. Kurz bevor ich mich schlafen lege, sage ich mir: „Wenn ich morgen früh aufwache, fühle ich mich super!" Und das wiederhole ich einige Male. Ich stelle mir vor, wie ich am nächsten Morgen aufstehe und mich richtig gut fühle. Und jedesmal wache ich am nächsten Morgen auf, fühle mich erholt und zuversichtlich, auch wenn die Nacht einmal sehr kurz war und ich nur wenig Schlaf hatte.

4. Emotionalisieren

Der vierte Teil der 5-Stufen-Methode ist – nach der Idealisierung, der Verbalisierung und der Visualisierung – die Emotionalisierung. Sie ist der Kern dieser Technik, das Herzstück. Sie ist das Element, das alle anderen für Sie zum Funktionieren bringt.

Das Herzstück der 5-Stufen-Methode

Sie sind ganz und gar emotional. Alles, was Sie tun, wird in irgendeiner Weise von Ihren Gefühlen bestimmt und gesteuert. Die meisten Menschen sind allerdings Sklaven ihrer Gefühle, weil sie sehr wenig Kontrolle über sie haben. Sie sind immer damit beschäftigt, auf das zu reagieren, was um sie herum geschieht. Aber das muß nicht so sein.

Wir sind ganz und gar emotional

Wenn Sie Ihre Gefühle frei und zielgerichtet nutzen, insbesondere indem Sie sie positiv auf das ausrichten, was Sie wollen, können Sie Ihre Visualisierungen, Verbalisierungen und Idealisierungen mit enormen Kräften unterstützen. Denn je mehr Gefühl Sie in eine Ihrer Aussagen oder Vorstellungen hineinlegen, um so mehr Wirkung zeigt das in Ihrem Denken und Verhalten.

Nutzen Sie Ihre Gefühle!

Der Schlüssel dazu ist, das *Gefühl* zu bekommen, das Sie erfahren und genießen würden, wenn Sie Ihr Ziel bereits erreicht hätten. Stellen Sie sich einmal vor, Ihr Ziel wäre, eine gewisse Summe Geld zu verdienen. Sie versetzen sich geistig in die Zukunft und erleben sich, wie Sie dieses Geld verdienen. Sie sehen sich in einem großen Haus, in einem neuen Auto, in edlen Anzügen oder Kostümen, Sie sitzen in tollen Restaurants und genießen einen höheren Lebensstandard. Stellen Sie sich das Lebensgefühl vor, das Sie mit all diesen Beigaben des Erfolges genießen würden. Entwickeln Sie das Gefühl von Stolz, Glück, Zufriedenheit, Behaglichkeit oder Freude und von tiefer, innerer Anerkennung, die Sie verspüren, wenn Sie dieses Ziel erreicht haben. So wie man sich in ein warmes Bad gleiten läßt, können Sie in diese Gefühle eintauchen, als hätten Sie Ihr Ziel schon erreicht.

Das Ziel fühlen

7. Das Denken in Möglichkeiten

Wenn Sie Ihre inneren Bilder verbalisieren und mit dem entsprechenden Gefühl kombinieren, aktivieren Sie Ihr Unterbewußtsein, Ihre mentalen Kräfte. Menschen, die regelmäßig mental trainieren, sind absolut erstaunt angesichts der Dinge, die sie erreichen. Und ich bin sicher, Sie werden ebenso erstaunt sein.

5. Realisieren

Der fünfte Schritt in diesem kraftvollen Prozeß ist, zu realisieren – Ihr Ziel tatsächlich zu erreichen, Ihre Wünsche wirklich wahr werden zu lassen. Es ist ein außerordentlich wichtiger Schritt, und er basiert auf der Tatsache, daß jedes Ziel eine gewisse Zeit braucht, bis es real wird. Einige Ziele lassen sich schnell erreichen, manche mittelfristig und andere langfristig. Aber Ihre *innere Haltung* zur Zielerreichung hat einen ungeheuren Einfluß darauf, ob und wann Sie sie erreichen.

Loslassen und entspannen In der Realisierungsphase, also nachdem Sie die ersten vier Schritte durchlaufen haben, entspannen Sie sich einfach und lassen den ganzen Prozeß los. Sie überlassen ihn sich selbst und lassen ihm seine Zeit. Das, was Sie sich wünschen und anstreben, wird genau in dem Moment zu Ihnen kommen, in dem Sie dazu bereit sind. Das ist auch die Erklärung dafür, warum erfolgreiche Menschen stets eine Haltung ruhiger, zuversichtlicher Erwartung zu haben scheinen. Sie sind nie in Hast oder Eile. Sie sind entspannt und optimistisch und absolut überzeugt, daß sie das erreichen werden, was sie wollen, und zwar genau zur richtigen Zeit. – Und das sollte auch Ihre innere Haltung sein.

Nach dem Guten suchen Sie können diese 5-Stufen-Methode beschleunigen, indem Sie *in jeder Situation Ihres Lebens nach dem Guten suchen*. So werden Sie dazu neigen, positiv, kreativ und konstruktiv zu sein und sich auf die Zukunft auszurichten. Sie werden optimistischer und zuversichtlicher sein. Wenn Sie absolut überzeugt sind, daß Sie aus allem,

7. Das Denken in Möglichkeiten

was Ihnen widerfährt, einen Nutzen ziehen können, werden Sie auch fast immer etwas Gutes finden, das Sie zu Ihrem Nutzen oder Vorteil verwenden können.

Um jemand zu werden und zu bleiben, der sich durch eine positive Denkweise auszeichnet, empfiehlt es sich gleich morgens nach dem Aufstehen, den Tag positiv zu beginnen. Die erste Stunde am Tag nennt man auch *„das Ruder des Tages"*. Wenn Sie morgens, statt Zeitung zu lesen oder Radio zu hören, zum Beispiel etwas Positives, Konstruktives oder Inspirierendes lesen, dann legen Sie ein mentales Fundament für den Rest des Tages. Sie werden mehr Elan haben und effektiver auf die unausweichlichen Hochs und Tiefs des Alltags reagieren. So wie aktives, körperliches Training am Morgen Ihnen mehr körperliche Spannkraft für den Tag gibt, sorgt positives, mentales Training, in Form inspirierender Lektüre, für mehr mentale Kraft für den Tag.

Den Tag positiv beginnen

Vielleicht beginnen Sie Ihren Tag auch mit einem gesunden, nahrhaften Frühstück – mehr Obst, Gemüse, Brot und Brötchen aus Vollkorn oder Vollkornmüsli, mehr Fruchtsäfte und Wasser und weniger fetthaltiges Essen, das schwer im Bauch liegt und eher müde macht. Das amerikanische Standardfrühstück mit Speck, Eiern und Toast zum Beispiel ist eine der schlimmsten Kombinationen, die Sie sich morgens antun können. Innerhalb einer Stunde nach so einem Frühstück fühlen Sie sich schon wieder müde, weil Ihr Körper sich mit dem Abbau von schwerverdaulichen Proteinen und Fetten abmühen muß.

Gesundes Frühstück

Und schließlich sollten Sie neben guter mentaler und körperlicher Nahrung darauf achten, genügend Ruhe zu bekommen. *Vince Lombardi* schrieb einmal: „Müdigkeit macht aus uns allen Feiglinge." Er hatte herausgefunden, daß ungenügender Schlaf für Negativität, Pessimismus und mangelndes Selbstvertrauen anfällig macht.

Genügend Ruhe und Schlaf

7. Das Denken in Möglichkeiten

Aber wenn Sie gut ausgeruht sind, sich gut ernähren, Ihren Geist mit positiven Botschaften füttern, wenn Sie anregende Informationen lesen und regelmäßig Ihre Ziele als Realität visualisieren, dann werden Sie positiv, optimistisch, gut gelaunt – und einfach nicht mehr zu stoppen sein. Dann wachen Sie morgens schon mit dem Gefühl auf, daß es nichts gibt, was Sie *nicht* tun könnten, wenn Sie nur Ihr Bewußtsein darauf lenken. Und wenn Sie diesen Gedanken lange genug und intensiv genug beibehalten, dann wird dies auch in Ihrem Leben wahr werden.

Niederlagen überwinden

Jeder erfolgreiche Mensch hat im Laufe seines Lebens zahlreiche Rückschläge, Hindernisse oder gar schwerwiegende Niederlagen erlebt. Ohne die Fähigkeit, positiv und konstruktiv auf solche Niederlagen zu reagieren und darüber hinwegzukommen, wären sie niemals erfolgreich geworden. Und diese Qualität, etwas zu überwinden, anstatt daran zu zerbrechen, wird auch Ihren Erfolg ausmachen.

Ohne diese Fähigkeit kein Erfolg

Dr. Abraham Zaleznik von der Harvard Business School hat vor Jahren eine Studie dazu durchgeführt, welche Rolle *Enttäuschungen* im Leben eines Menschen spielen. Er entdeckte dabei, daß erfolgreiche Menschen auf Enttäuschung ganz anders reagieren als weniger erfolgreiche und daß die Art und Weise, *wie* Menschen auf Enttäuschung reagieren, ein extrem guter Indikator dafür ist, mit welcher Wahrscheinlichkeit sie in ihrem Leben erfolgreich sein werden. Wenn Sie ein normaler, intelligenter Mensch sind, werden Sie jeden Bereich Ihres Lebens so organisieren, daß Sie Mißerfolge und Enttäuschungen vermeiden. Sie werden so viel wie möglich vorausplanen und die nötigen Vorsichtsmaßnahmen treffen. Sie werden die verschiedenen Situationen abwägen und in die Richtung gehen, die Ihrem Ermessen nach die größte Aussicht auf Erfolg verspricht.

Harvard-Studie über Enttäuschungen

Enttäuschungen kommen daher *ungebeten*. Enttäuschungen entstehen, trotz aller Anstrengung, sie zu vermeiden. So sicher, wie die Sonne im Osten aufgeht und im Westen versinkt, so sicher werden Sie immer wieder Enttäuschungen erleben. Das einzige, worauf es also

Enttäuschungen sind unvermeidbar

8. Niederlagen überwinden

ankommt, ist die Frage, wie Sie mit Enttäuschungen umgehen, wenn sie ungewollt und unerwartet über Sie hereinbrechen. Einer meiner Freunde sagt immer:

> „Nicht wie tief du fällst, sondern wie hoch du zurückfederst, zählt."

Erfolgreiche Menschen verarbeiten Enttäuschungen, indem sie einen großen Schritt nach vorn machen. Erfolglose Menschen aber lassen zu, daß eine Enttäuschung sie vollkommen aus der Bahn wirft. Erfolgreiche Menschen erholen sich von Enttäuschungen und machen weiter. Erfolglose Menschen hören oft auf und kehren um.

Mentale Vorbereitung

Eines der kraftvollsten Prinzipien im *Thinking Big* besteht in der mentalen Vorbereitung. In dem Augenblick, in dem einem etwas Unangenehmes passiert, hat man im allgemeinen wenig Kontrolle über seine Gefühle und Reaktionen. Man reagiert instinktiv, gewohnheitsmäßig, nach vorhandenen mentalen Mustern. Es ist zu spät, sich auf edle Gedanken zu besinnen, wenn man bereits daniederliegt.

Ziele gehen mit Problemen Hand in Hand

Die mentale Vorbereitung ermöglicht Ihnen, sich im voraus innerlich auf Enttäuschungen einzustellen, auch wenn Sie nicht wissen können, *welche* Enttäuschungen oder zu welchem *Zeitpunkt* sie zu erwarten sind. Prämisse oder Ausgangspunkt der mentalen Vorbereitung jedoch ist, *daß* Sie auf Probleme und Schwierigkeiten treffen werden, sobald Sie sich ein Ziel gesetzt haben und es anstreben. Es ist einfach eine Tatsache: Wenn Sie sich ein hohes, anspruchsvolles und lohnenswertes Ziel setzen, das Sie aus Ihrer Komfortzone herausholt und Ihnen höhere Maßstäbe setzt, als Sie bisher erreicht haben, dann werden Sie auf Hindernisse und Enttäuschungen treffen, die Sie sich jetzt noch gar nicht vorstellen können.

Krisenantizipation

Im Rahmen meiner Tätigkeit als Unternehmensberater unterrichte ich eine Denkweise, die man *„Krisenantizi-*

8. Niederlagen überwinden

pation" nennt. Dabei werden die Entscheidungsträger im Unternehmen aufgefordert, sechs oder zwölf Monate in die Zukunft zu schauen und sich die Frage zu stellen: „Was könnte passieren, das unsere Pläne gefährdet?" Alle denkbaren Probleme werden schriftlich festgehalten. Ein Konkurrent könnte zum Beispiel neue Produkte herausbringen oder neue Serviceleistungen anbieten, die besser und billiger sind. Die Zinsen könnten steigen. Regierungen könnten neue Steuern erheben oder andere Bestimmungen erlassen. Benzin- oder Rohstoffpreise könnten steigen. Wichtige Mitarbeiter könnten das Unternehmen verlassen oder ein wichtiger Kunde zur Konkurrenz überwechseln. – In jedem dieser Fälle könnte die Fähigkeit des Unternehmens, schnell und konstruktiv zu reagieren, für das eigene Überleben ausschlaggebend sein.

Und was für große wie kleine Unternehmen funktioniert, kann auch für Sie erfolgreich sein. Wenn Sie in regelmäßigen Abständen eine Übung zur Krisenantizipation durchführen, in der Sie diverse Handlungsalternativen durchdenken, werden Sie überrascht sein, wieviel Kraft und Zuversicht Sie dadurch gewinnen.

Krisenszenarien regelmäßig durchdenken

Übung

Sehen Sie in Ihre Zukunft, und überlegen Sie sich, welche negativen Situationen eintreten könnten und wie Sie darauf reagieren würden. Was würden Sie zum Beispiel tun, wenn Sie heute Ihre Arbeit verlieren würden?

_____

_____

_____

_____

_____

8. Niederlagen überwinden

Ihr nächster Job Manchmal frage ich die Teilnehmer in meinen Seminaren: „Was wird Ihr nächster Job sein?" Die meisten Leute reagieren hierauf sehr überrascht, weil sie nicht im entferntesten daran gedacht haben, sich diese Frage zu stellen. Auf der anderen Seite wissen wir, daß die ganze Arbeitswelt sich in einem ständigen Wandel befindet. Sicherlich haben Sie selbst bereits mehrmals die Arbeitsstelle gewechselt, und es ist sehr wahrscheinlich, daß dies irgendwann noch einmal auf Sie zukommt – vielleicht sogar eher, als Sie erwarten.

Welche Fähigkeiten benötigen Sie dafür? Die entscheidende Frage in diesem Zusammenhang ist jedoch: „Welches Niveau an Wissen, Fähigkeiten und Kenntnissen werden Sie für Ihre nächste Arbeitsstelle brauchen, um das Geld zu verdienen, das Sie verdienen wollen?" Wenn Sie über diese Frage nicht im voraus nachdenken, könnten Sie in die Verlegenheit kommen, darüber nachzudenken, wenn es schon zu spät dafür ist.

Der Erfolg von Wayne Gretzky *Wayne Gretzky*, einer der erfolgreichsten Eishockeyspieler der USA, wurde einmal gefragt, was seinen Erfolg ausmacht. Seine Antwort:

> „Die meisten Spieler sind ziemlich gut, aber sie laufen dahin, wo der Puck ist. Ich gehe dahin, wo der Puck sein wird."

Langfristige Perspektiven entwickeln Das ist sehr erkenntnisfördernd. Wo wird Ihr Puck in drei bis fünf Jahren sein? Wo wird Ihr Puck in zehn Jahren sein? Denken Sie daran:

> Eine langfristige Perspektive erhöht Ihre Effektivität kurzfristig.

Und:

> Wer nicht über seine Zukunft nachdenkt, hat keine.

8. Niederlagen überwinden

Schauen Sie also in Ihrem Leben nach vorne, und nehmen Sie einige Ihrer möglichen Rückschläge vorweg. Was würden Sie machen, wenn Sie Ihre Stellung verlieren würden? Durch die Arbeit mit Tausenden erfolgreicher Menschen habe ich festgestellt, daß sie alle *eine* bestimmte Einstellung gemeinsam haben: Sie wissen mit absoluter Sicherheit, daß sie, würden sie ihren Job verlieren, am nächsten Tag schon einen anderen hätten. Die große Mehrheit der Leute jedoch gerät bei dem Gedanken daran, den Arbeitsplatz zu verlieren, in eine Art Panik. Der Grund: Sie haben keine Ahnung, was sie tun würden.

Nach vorne schauen und mögliche Rückschläge antizipieren

Wenn Sie Ihr Geld investiert haben, sollten Sie sich ständig bewußt machen, was passieren könnte, wenn Ihre Investitionen fehlschlagen und Sie Ihr ganzes Geld verlieren würden. Wie ich schon im Zusammenhang mit *John Paul Getty* erwähnt hatte, sollten Sie immer den denkbar schlechtesten Ausgang einer Situation in Betracht ziehen.

Die denkbar schlechteste Situation

Napoleon beherrschte den europäischen Kontinent fast zwanzig Jahre lang. Er führte seine Armeen in Hunderten von Schlachten durch ganz Europa und verlor in seiner ganzen Karriere nur drei davon. Er wird als eines der zwei oder drei größten militärischen Genies der Geschichte angesehen. Was ihn auszeichnete, kann man eine *„extrapolierende Geisteshaltung"* nennen. Es war seine phänomenale Fähigkeit, vor Ort auf dem potentiellen Schlachtfeld jeden einzelnen möglichen Feldzug zu durchdenken und sich die logische Konsequenz zu überlegen – und zwar *vor* der eigentlichen Schlacht.

Extrapolierende Geisteshaltung

Nachdem er das getan hatte, konnte er im Hauptquartier bleiben und die Schlacht dirigieren, und ganz gleich, welche Nachrichten ihn von einem beliebigen Teil des Schlachtfeldes erreichten – er hatte sofort eine Antwort parat. Viele Menschen glaubten, er sei ein schneller und brillanter Denker gewesen, was er auch war, aber das

Alle Eventualitäten im voraus durchdenken

8. Niederlagen überwinden

war nicht das Geheimnis seines Erfolges. Sein Geheimnis war, daß er alle Eventualitäten bereits im voraus durchdacht hatte.

Üben Sie extrapolierendes Denken

Diese Fähigkeit, jede wichtige Situation in Ihrem Leben im voraus zu durchdenken, ist eine Fähigkeit, die Sie durch Übung entwickeln können. Wenn Sie in einem Unternehmen arbeiten, sollten Sie die schlimmsten möglichen Ereignisse durchdenken, die in den kommenden sechs bis zwölf Monaten eintreten und Ihren Arbeitsplatz oder Ihr Einkommen gefährden könnten. Wenn das Unternehmen Ihnen gehört, sollten Sie dasselbe für Ihr Unternehmen tun. Sie und Ihr Ehepartner sollten regelmäßig über Rückschläge und Enttäuschungen nachdenken, die eintreten könnten, und im Anschluß daran Pläne entwickeln, um sich dagegen zu wappnen.

Geldreserven anlegen

Eines der klügsten Dinge, die Sie tun können, um positiv eingestellt zu bleiben und auf Enttäuschungen oder Rückschläge jederzeit flexibel reagieren zu können, ist etwa zehn oder sogar zwanzig Prozent Ihres Einkommens regelmäßig zu sparen. Am Rande eines finanziellen Abgrundes zu leben, unfähig zu reagieren, weil Sie auf irgendeine Weise in eine finanzielle Notlage geraten sind oder einen Rückschlag erlitten haben, verursacht unglaublich viel Anspannung und Streß. Eine Geldreserve jedoch, die Sie für einen unerwarteten Notfall oder eine günstige Gelegenheit beiseite gelegt haben, verleiht Ihnen besondere Stärke und Rückhalt.

Ein sehr wohlhabender Mann schrieb einmal:

> „Wenn Sie kein Geld sparen können, dann fehlt Ihnen der Keim zur Größe."

Sparen heißt günstige Gelegenheiten nutzen können

Die Fähigkeit, Geld zu sparen, sich zu disziplinieren und mit dem auszukommen, was man verdient, ist eine grundlegende Meßlatte für Ihre Fähigkeit, im Leben zu Erfolg zu kommen. Wenn Sie nicht die innere Selbst-

8. Niederlagen überwinden

kontrolle haben, *nicht alles* auszugeben, was Sie verdienen, dann heißt das einfach, daß Sie nicht die geistige Disziplin haben, günstige Gelegenheiten zu nutzen. Und dem Gesetz der Anziehungskraft zufolge wird dieses Kraftfeld negativer Energie im Denken sogar günstige Gelegenheiten von Ihnen fernhalten.

Um selbst angesichts herber Enttäuschungen jederzeit stark und flexibel zu bleiben, sollten Sie sich also mental, finanziell und körperlich im voraus darauf einstellen. Überlegen Sie, was eventuell geschehen könnte, und machen Sie Pläne, um die Konsequenzen einer möglichen Enttäuschung zu minimieren oder ganz zu vermeiden. Diese Denkweise ist ein Kennzeichen höchster Individualität und Unabhängigkeit.

Mental, körperlich und finanziell vorbereitet sein

Hier sind zwei Fragen, die Sie sich selbst stellen können, wenn Sie *Mißerfolg in Erfolg umwandeln* wollen. Ich nenne sie die zwei „Zauberfragen", die Sie auf alles, was Sie tun, regelmäßig anwenden können. Lassen Sie das Ereignis noch einmal vor Ihrem inneren Auge ablaufen und beantworten Sie sich folgende zwei Fragen:

Zwei Zauberfragen

1. Was habe ich *richtig* gemacht?

2. Was würde ich *anders* machen?

Am besten ist, Sie schreiben sich Ihre Antworten auf ein Blatt Papier. Das Wunderbare an diesen Fragen ist, daß sie beide positiv sind und auch positive Antworten erfordern. Wer nie richtig erfolgreich wird, befaßt sich fast unweigerlich mit den Fehlern, die er gemacht hat, mit den Mißerfolgen, die er erlebt hat, und den Kosten, die etwas verursacht hat. Wenn Sie darüber nachdenken, was Sie *richtig* gemacht haben und was Sie beim nächsten Mal *anders* machen könnten, bleibt Ihr Denken hundertprozentig positiv. All Ihre kreativen Energien bleiben im Fluß, und Sie entwickeln sich kontinuierlich weiter. Sie werden alle denkbaren Chancen und Möglichkeiten erkennen, die Ihnen entgangen wären,

So entwickeln Sie sich weiter

8. Niederlagen überwinden

wenn Sie sich erlaubt hätten, sich nach einem Mißerfolg selbst zu bemitleiden.

Im Verkauf und als Unternehmer

Wenn Sie im Verkauf tätig sind, setzen Sie diese Methode nach jedem Verkaufsgespräch ein. Verwenden Sie sie so oft und so regelmäßig, daß sie zu einem *Automatismus* wird. So werden Sie automatisch darauf eingestellt sein, jede Situation gewissenhaft zu analysieren und jeden guten Ansatz zu finden, der sich irgendwie entdecken läßt, gleichgültig, wie enttäuscht Sie auch sein mögen. Wenn Sie ein Unternehmen besitzen, sollten Sie diese Fragen regelmäßig sich selbst und Ihren wichtigsten Mitarbeitern stellen: *„Was haben wir richtig gemacht?"* Und: *„Was würden wir das nächste Mal anders machen?"*

Zauberfragen und Mindstorming

Wenn Sie diese Methode mit Mindstorming kombinieren, der „Methode der zwanzig Ideen", die ich im vierten Kapitel erklärt habe, werden Sie erstaunt sein über die Vielzahl wertvoller Ideen, die Sie erhalten. Mit Hilfe dieser Ideen werden Sie innerhalb kürzester Zeit große Lernfortschritte machen und beim nächsten Mal den Erfolg haben, den Sie sich wünschen.

Niedergeschlagenheit ist normal

Wenn man irgendeine Enttäuschung erlebt, ist die natürliche Reaktion, daß man sich emotional angeschlagen fühlt – etwa so, als hätte man einen Schlag in die Magengrube, einen „Tiefschlag" bekommen. Man fühlt sich verletzt, alleingelassen, enttäuscht oder ein wenig traurig. Man denkt vielleicht sogar daran, das Ganze zu beenden und etwas völlig anderes zu machen. Diese Gefühle sind normal und natürlich. Ausschlaggebend ist nur: *Wie lange halten diese Gefühle an?*

Wie schnell sind Sie wieder im Normalzustand?

Wenn Sie zum Arzt gehen, um sich einmal gründlich durchchecken zu lassen, bittet Sie Ihr Arzt wahrscheinlich, ein paar kleine Körperübungen zu machen, um Ihre Pulsfrequenz nach oben zu bringen. Nachdem der Puls eine bestimmte Höhe erreicht hat, wird der Arzt erneut

8. Niederlagen überwinden

messen – zum Beispiel ein, zwei und fünf Minuten nach der Übung. Die Geschwindigkeit, mit der Sie nach der Übung wieder zu einem normalen Ruhepuls zurückkehren, zeigt, wie fit und gesund Sie sind.

Daran, wie schnell Sie eine Enttäuschung überwinden, zeigt sich, wie es um Ihre mentale Gesundheit bestellt ist. Natürlich schmerzt eine Enttäuschung. Gerade dann, wenn das, was Sie wollen, Ihnen wichtig ist. Aber das ist nicht der Punkt. Der Punkt ist vielmehr, wie schnell Sie sich wieder erholen. Wenn Sie vorausplanen und sich gut vorbereiten, so wie wir es besprochen haben, dann werden Sie sich sehr schnell wieder erholen.

Hier sind zwei kraftvolle Affirmationen, die ich entwickelt habe und die Sie einsetzen können, um Ihre mentale und emotionale Kontrolle über eine negative Situation schnell zurückzubekommen.

Hilfreiche Affirmationen

> „Ich bin verantwortlich! Ich bin verantwortlich! Ich bin verantwortlich!"

Wenn etwas danebengeht, neigen wir dazu, verärgert oder genervt zu sein und entweder jemand anderen oder einen Umstand dafür verantwortlich zu machen oder Entschuldigungen zu finden. In dem Moment, in dem Sie sich selbst in die Verantwortung nehmen, neutralisieren Sie Ihr Gefühl von Enttäuschung, Wut und Frustration, erlangen das Gefühl von Souveränität, Kraft und Kontrolle. Sie werden wieder ruhig und klar und fangen an, über positive, konstruktive Möglichkeiten nachzudenken, wie Sie den Schaden minimieren oder die enthaltene Chance nutzen können.

Selbstverantwortlichkeit schafft Souveränität

> „Jede Erfahrung ist eine positive Erfahrung, wenn ich sie als Chance für Wachstum und persönliche Entwicklung betrachte."

8. Niederlagen überwinden

Wer suchet, der findet

Schauen Sie sich die Situation an, und fragen Sie sich, was Sie möglicherweise aus dem, was geschehen ist, lernen können. Wie können Sie daran wachsen? Was will diese Situation Sie lehren? Wenn Sie in jeder Schwierigkeit nach einer Lösung oder einer wertvollen Lektion suchen, können Sie sich nicht aufregen oder ärgern. Ihr Geist kann sich nur mit *einem* Gedanken zur Zeit befassen, einem positiven *oder* einem negativen. Wenn Sie über die positiven Aspekte der Situation nachdenken, werden Sie diese auch finden und in der Lage sein, sie zu Ihrem Vorteil zu verwenden.

Alles ist relativ

Eine der wirksamsten Methoden, Mißerfolge zu überwinden, ist, sie in die richtige Perspektive zu rücken. Machen Sie sich klar: Ein Fehlschlag ist nichts Endgültiges, und die meisten Fehler, die man macht, sind im Verhältnis zum großen Ganzen betrachtet relativ klein. Wenn man zurückdenkt, kann man sich meist nicht einmal mehr daran erinnern, was einem noch vor einem Jahr Sorgen bereitet hat, geschweige denn vor drei, vier oder fünf Jahren.

Klare Ziele helfen über Niederlagen hinweg

Der Schlüssel dafür, mit jeder Situation angemessen umgehen zu können, ist ein klares Gefühl für die Richtung zu haben, in die es weitergeht. Dieses Gefühl für die richtige Richtung ergibt sich aus eindeutig definierten, schriftlichen Zielen. Statt an Enttäuschungen zu zerbrechen, denken Sie einfach an Ihre Ziele. Langfristige Ziele sind: finanziell unabhängig zu sein, vollkommen gesund zu sein, wunderbare Beziehungen zu dem Partner und den Kindern zu genießen, einer befriedigenden Arbeit nachzugehen. Wenn Sie Ihr Bewußtsein auf diese Ziele, Ihre persönlichen Definitionen dieser Ziele ausrichten, wird es fast unmöglich, entnervt zu sein oder negative Gefühle angesichts kurzfristiger „Problemchen" aufkommen zu lassen.

William James, ein berühmter Dozent an der Harvard Universität, schrieb einmal:

8. Niederlagen überwinden

> „Der allererste Schritt im Umgang mit Schwierigkeiten ist die Bereitschaft, sie anzunehmen."

Viele unserer Probleme im Umgang mit Enttäuschungen entstehen dadurch, daß wir Widerstand leisten. Wir nehmen eine ablehnende Haltung ein. Wir werden verärgert und beharren darauf, daß *das* nicht hätte passieren dürfen und daß es *uns* nicht hätte passieren dürfen. Wir weisen es von uns oder wünschen, es sei gar nicht passiert. Und es ist diese Weigerung und Ablehnung, die uns den größten Streß verursacht. Wenn Sie hingegen sagen: *„Was man nicht ändern kann, muß man überdauern"*, dann senken Sie Ihre Reiz-Reaktions-Schwelle. Sie werden entspannter. Sie werden ruhiger und entwickeln einen distanzierteren Standpunkt: Sie treten einen Schritt zurück und betrachten das, was geschieht, so, als ob es jemand anderem passieren würde. Dadurch können Sie sich konstruktiv damit beschäftigen, wie die Situation am besten wieder in Ordnung gebracht werden kann. Sie erlauben sich nicht, sich von jedem Auf und Ab des Lebens emotional gefangennehmen zu lassen.

Widerstand verursacht den größten Streß

> „Die meisten Menschen sind in dem Maße glücklich, wie sie es sich selbst gestatten."
> Abraham Lincoln

Ihre Fähigkeit, mit Enttäuschungen immer auf positive, konstruktive Weise umzugehen, wird mehr zu Ihrem Erfolg beitragen und wird anderen Menschen mehr über Sie sagen als jeder andere Faktor. Und es ist eine *erlernte* Fähigkeit. Alle echten Führungspersönlichkeiten an der Spitze großer Unternehmen haben die Fähigkeit entwickelt, auf große und kleine Krisen, die ungebeten, unerwartet und unvermeidbar auftreten, wirksam zu reagieren. Sie sollten dasselbe tun.

Fassen Sie im voraus den Entschluß, daß, egal was passiert, Sie nichts aufhalten wird. Fassen Sie im voraus den Entschluß, daß Sie, obwohl es in Ihrem Leben unzählige

8. Niederlagen überwinden

Höhen und Tiefen geben wird, immer weiter durchhalten werden, bis Sie bei Ihren Zielen angelangt sind. Wenn Sie von vornherein diese Entscheidungen treffen, wenn Sie sich mental vorbereiten und dann die unausweichlichen Probleme auftauchen, werden Sie bereit sein. Sie werden schnell wieder auf den Beinen sein und bereit, darüber hinauszuwachsen, anstatt daran zu zerbrechen.

Kreative Vernetzung

Die Menschen, die Sie kennen und die Ihnen wohlgesonnen sind, sind ein weiterer wichtiger Faktor für Ihren Erfolg, Ihr Glück und für das, was Sie im Leben erreichen werden. Ihre Beziehungen zu anderen Menschen prägen Ihr ganzes Leben.

Erfolgsfaktor Beziehungen

Man spricht in diesem Zusammenhang auch von „*Referenzgruppe*" und meint damit diejenigen Menschen, von denen Sie glauben, sie seien Ihnen ähnlich. Wenn Sie zum Beispiel einer bestimmten Kirche angehören, dann bilden die Mitglieder dieser Kirche einen Teil Ihrer Referenzgruppe. Sie denken von sich selbst, Sie seien wie sie. Wenn man einer bestimmten politischen Partei, einem Sportverein oder einer bestimmten Berufsgruppe angehört, dann bilden die Menschen in diesen Gruppen und Organisationen einen Teil der Referenzgruppe. Man identifiziert sich mit ihnen. Mit der Zeit übernimmt man ihre Einstellungen und Eigenheiten, ihre Art zu sprechen, ihre Zielvorstellungen und sogar eine bestimmte Art, sich zu kleiden. Ihre Referenzgruppe übt einen ungeheuren Einfluß darauf aus, was für ein Mensch Sie werden. Man gleicht seine Ziele, Verhaltensweisen und Gedanken in der Form an, daß sie mit den Erwartungen dieser Gruppe übereinstimmen. Wir können das bei Teenagern immer wieder beobachten.

Referenzgruppen

Ich habe mit unendlich vielen Menschen, Männern wie Frauen, auf der ganzen Welt zusammengearbeitet, die sich den Rat zu Herzen genommen haben, ihre Referenzgruppen zu ändern. Sie haben den Umgang mit

Einfluß auf Ihr Denken

9. Kreative Vernetzung

anderen Menschen aus anderen Organisationen gesucht. Als Folge davon fingen sie an, anders über sich zu denken, und auch die Welt um sie herum begann sich zu ändern.

Umgang mit positiven Menschen pflegen

Den wichtigsten Einfluß auf Ihr Denken und Fühlen haben immer die Menschen in Ihrer Umgebung. Erfolgreiche Leute machen es sich zu einer lebenslangen Gewohnheit, Umgang mit anderen positiven, erfolgsorientierten Menschen zu haben. Erfolglose Menschen haben, weil sie nicht darauf achten, eher Umgang mit Menschen, die ebenfalls keine besonderen Ziele haben. Die Personen beider Gruppen werden immer mehr so wie die Menschen, mit denen sie sich am meisten identifizieren.

Menschen, von denen Sie lernen und die Sie bewundern

Wenn Sie sich in der Kunst des *Thinking Big* auf nur eine Sache konzentrieren würden, die Ihnen zum Erfolg verhilft, dann sollten Sie sich das Ziel setzen, in jedem Bereich Ihres Lebens mit Leuten zusammenzukommen, die Sie bewundern, respektieren und zu denen Sie aufschauen. Sie sollten Umgang mit Leuten pflegen, an denen Sie Freude haben und von denen Sie lernen können. Sie sollten mit Leuten arbeiten und befreundet sein, die etwa so sind, wie Sie sich Ihre Kinder als Erwachsene wünschen. Wenn Sie sich für all Ihre zwischenmenschlichen Beziehungen unter diesem Blickwinkel engagieren, verbessert sich alles in Ihrem Leben nahezu unverzüglich.

Das Gesetz der indirekten Bemühung

Es gibt verschiedene Prinzipien zum Aufbau und Erhalt von Beziehungen aller Art. Das vielleicht wichtigste davon ist das *„Gesetz der indirekten Bemühung"*. Es besagt, daß man im Umgang mit Menschen eher indirekt als direkt etwas erreicht. Lassen Sie mich Ihnen dazu einige Beispiele geben.

Wer säet, der erntet

Sie wissen, daß Sie, um einen Freund zu *haben*, zuerst ein Freund *sein* müssen. Wenn Sie einen anderen Menschen beeindrucken wollen, dann sollten Sie, anstatt zu versuchen, *ihn* zu beeindrucken – dies wäre der direkte

9. Kreative Vernetzung

Weg –, zuerst *von ihm* beeindruckt sein, was der indirekte Weg wäre. Der indirekte Weg, jemanden dazu zu bringen, Sie zu mögen, besteht darin, daß Sie ihn *zuerst* mögen. Der Weg, Menschen dazu zu bringen, Sie zu bewundern und zu respektieren, besteht darin, zuvor sie zu bewundern und zu respektieren.

> Je mehr Sie hineinstecken, desto mehr bekommen Sie heraus. Je mehr und je besser Sie etwas für andere tun, desto mehr und besser werden andere Menschen Sie unterstützen.

Wir leben in einer Zeit, in der es viel mehr darum geht, der Gebende als der Nehmende zu sein. Das ist nirgendwo wichtiger als in Beziehungen.

Geben ist wichtiger denn Nehmen

Es gibt viele Leute, die meinen, der Schlüssel zum Erfolg bestehe darin, mit erfolgreichen Leuten zusammenzukommen und diese Beziehungen dann zu nutzen. Ich habe im Laufe der Zeit gelernt, daß es viel besser ist, selbst jemand zu werden, der erfolgreich ist und mit dem andere Leute gern zusammensein möchten. Wenn Sie selbst an sich arbeiten und besser werden, dann werden andere interessante, erfolgreiche Menschen auch gerne mit Ihnen Umgang haben wollen. Das ist der indirekte Weg. Alles beginnt bei Ihnen selbst.

Alles beginnt bei Ihnen selbst

Warum scheitern Leute, die Vereinen und Organisationen beigetreten sind, um dadurch mit anderen erfolgreichen Leuten zusammenzusein? Wir fühlen uns auf natürliche Weise von anderen Menschen angezogen, die sich auf einem ähnlichen Niveau bewegen. Wenn Sie nicht an sich selbst gearbeitet haben, um ein bestimmtes Niveau zu erreichen, können Sie auch keinen Umgang mit Leuten auf einem höheren Niveau kultivieren. Die Leute interessieren sich dann nicht besonders für Sie, und am Ende werden Sie lediglich dumm dastehen und sich auch entsprechend fühlen.

Gleich und gleich gesellt sich gern

9. Kreative Vernetzung

Ihr persönliches Netzwerk

Das Thema dieser Lektion ist *kreative Vernetzung*. Ihr persönliches Netzwerk besteht aus den Leuten, die Sie kennen, und zwar sowohl direkt als auch indirekt. Es sind Menschen, auf die Sie einen gewissen Einfluß ausüben können und die umgekehrt auch auf Sie einen gewissen Einfluß ausüben können.

Persönliche Adreßkartei

In Amerika sagt man, daß die persönliche Adreßkartei zu den wichtigsten Besitztümern gehört. Es heißt, daß, wenn Ihre persönliche Adreßkartei groß genug ist, Sie niemals mehr als zwei Anrufe benötigen, um jede beliebige andere Person im Land zu erreichen. *Harvey McKay* beispielsweise, ein amerikanischer Spezialist in Sachen Networking, verfügt über eine persönliche Adreßkartei mit mehr als 4.000 Namen, die er im Laufe der Jahre zusammengetragen hat. Er hat herausgefunden, daß mindestens eine der Personen in seiner Kartei direkten Zugang zu praktisch jeder anderen Person in Amerika hat, mit der er in Kontakt treten möchte – einschließlich des Präsidenten der Vereinigten Staaten.

Im Zentrum steht das Intelligenz-Netzwerk

Der Kern Ihres persönlichen Netzwerkes sollte jedoch Ihr *„Intelligenz-Netzwerk"* sein, ein kleiner Zirkel von vier oder fünf Leuten, mit denen Sie sich regelmäßig, möglichst wöchentlich, treffen. Im Hinblick auf diese Beziehungen sollten Sie egoistisch genug sein. Ihr wichtigstes Gut ist Ihre Zeit, und Menschen nehmen extrem viel Zeit in Anspruch. Sie können nicht unbegrenzt viele qualitativ hochwertige Beziehungen pflegen. Dazu hat der Tag einfach nicht genug Stunden und der Monat nicht genug Tage. Bezüglich der Leute, mit denen Sie verkehren, sollten Sie entsprechend anspruchsvoll sein und sie sorgfältig auswählen.

> „Machen Sie keine unnützen Bekanntschaften!"
> Baron von Rothschild

9. Kreative Vernetzung

Das mag alles ein wenig gefühlskalt klingen, aber bedenken Sie, Ihr Leben ist kostbar, und es besteht aus den Minuten und Stunden eines jeden Tages. Sie können es sich nicht leisten, diese für sinnlose Beziehungen mit Menschen zu verschwenden, denen Sie und die Ihnen auch nicht helfen können, ein schöneres Leben zu leben. In dieser Hinsicht sollten Sie sehr behutsam vorgehen.

Ihre Zeit ist zu kostbar für sinnlose Beziehungen

Erfolgreiche Menschen werden – überraschenderweise – oft als Leute bezeichnet, die viel im Alleingang machen. Das bedeutet jedoch nicht, daß sie seltsame Einzelgänger sind. Sie sind keine isolierten, anti-sozialen Individuen. Sie sind vielmehr in dem Sinne Einzelgänger, als sie sehr wählerisch bezüglich ihres gesellschaftlichen Umgangs sind. Sie trinken nicht mit jedem Kaffee, der zufällig vorbeikommt, und gehen auch nicht mit jedem X-Beliebigen zum Mittagessen, nur weil dieser zur gleichen Zeit das Haus verläßt. Sie pflegen wertvolle Beziehungen sehr sorgfältig und achten darauf, negative Menschen zu meiden.

Erfolgreiche Menschen sind wählerisch bzgl. ihres Umgangs

Wenn der Aufbau von Intelligenz-Netzwerken ein Schlüssel zum Erfolg ist, bedeutet dies im Umkehrschluß, sich von negativen Menschen fernzuhalten. Wenn Sie genau hinsehen, werden Sie erkennen, daß negative Menschen die Hauptquelle der meisten Probleme darstellen. Negative Menschen sind eine der Hauptursachen von Streß und dem Gefühl des Unglücklichseins. Negative Menschen vermindern Ihre Lebensfreude mehr als alle anderen äußeren Faktoren. Es ist viel einfacher, nach finanziellen Verlusten oder Veränderungen in Ihrer beruflichen Laufbahn wieder auf die Beine zu kommen, als im Beruf oder im Privatleben ständig von negativen Menschen umgeben zu sein.

Sich von negativen Menschen fernhalten

Sie bilden ein Intelligenz-Netzwerk, indem Sie auf ein oder zwei Menschen zugehen, die Sie bewundern und die den gleichen Weg eingeschlagen haben wie Sie. Dabei ist völlig unerheblich, ob sie berufliche Berührungspunkte

So bauen Sie ein Intelligenz-Netzwerk auf

9. Kreative Vernetzung

haben, ob sie älter oder jünger sind als Sie, Männer oder Frauen. Wichtig ist, daß die Chemie zwischen Ihnen stimmt, daß sie eine positive innere Einstellung haben und im allgemeinen konstruktiv und zukunftsorientiert sind. Wichtig ist auch, daß sie eigene Ziele haben, an denen sie täglich arbeiten, daß sie offen, neugierig und ehrgeizig sind. Sie sollten bestrebt sein, ihre Persönlichkeit ständig weiterzuentwickeln, Bücher lesen, Seminare besuchen und den Kontakt mit anderen Menschen pflegen.

Sie erhalten neue Ideen und einen Energieschub

Wenn Sie sich regelmäßig mit diesen Menschen treffen, werden immer wieder neue Ideen und Einsichten auftauchen, über die Sie sich miteinander austauschen können. Möglicherweise unterhalten Sie sich nicht einmal über Ihre jeweiligen beruflichen Belange, aber allein das Zusammensein mit anderen positiven Menschen bewirkt, daß Sie kreativer werden, es gibt Ihnen mehr Energie, macht Sie positiver und läßt in Ihnen noch mehr Begeisterung für das entstehen, was Sie gerade machen.

Lachen und Spaß haben

Der entscheidende Faktor in Ihrem Intelligenz-Netzwerk ist, daß Sie viel zusammen lachen. Dies ist der Maßstab, an dem Sie erkennen, ob Ihre Beziehungen erfolgreich sind. Menschen, die viel miteinander lachen, sind gewöhnlich sehr hilfreich füreinander. Die Menschen, die Sie am meisten mögen und deren Gegenwart Sie am meisten genießen, sind diejenigen, mit denen Sie immer Spaß haben und lachen.

Das wichtigste Netzwerk bilden Sie mit Ihrem Ehepartner

Das wichtigste und kraftvollste Netzwerk, in das Sie jemals eintreten, ist das mit Ihrem (Ehe-)Partner. Wenn beide Partner vollständig aufeinander eingestellt sind und sich gegenseitig in ihren Zielen und Bestrebungen unterstützen, dann können sie eine enorme Hilfe füreinander und für sich als Paar sein. Menschen, die eine hervorragende Partnerschaft haben und die ihren Partner als ihren besten Freund bezeichnen, gehören zu den glücklichsten, erfolgreichsten und gesegnetsten Menschen in unserer Gesellschaft.

9. Kreative Vernetzung

Sie sehen schon, daß es durchaus die Regel ist, mehrere Netzwerke zu bilden. Manche Menschen haben eines bezüglich ihrer Familie, ein anderes im Hinblick auf ihre Hobbys oder sportlichen Interessen. Einige bilden ein Netzwerk, das sich speziell auf ihre Arbeit oder ihre Karriere konzentriert. Dabei können sich diese Gruppen durchaus überschneiden und Sie mit einigen Leuten in mehreren Netzwerken zu tun haben. Wichtig zu erkennen ist vor allem:

Sie können eine Vielzahl von Netzwerken bilden

> Je mehr Sie mit anderen positiven Menschen zu tun haben, um so positiver und produktiver werden Sie.

Immer wieder mit anderen Menschen zu sprechen und Erfahrungen auszutauschen verschafft Ihnen Zugang zu deren Ideen und Erfahrungen und hilft Ihnen, bei Ihren eigenen Angelegenheiten eine gesunde Perspektive zu behalten.

Übung

Listen Sie im Laufe der nächsten sechs bis zwölf Monate in einem eigens dafür angelegten Notizblock oder einer Adreßkartei die hundert wichtigsten Leute in Ihrer Region auf. Nutzen Sie die Informationen aus Ihrer Tageszeitung, dem Regionalfernsehen, dem Internet, aus Gesprächen, und beginnen Sie währenddessen bereits darüber nachzudenken, wie Sie diese Leute treffen und kennenlernen könnten.

Wenn Sie Ihre Liste der hundert Leute fertig haben, sollten Sie diese regelmäßig erweitern. Sie sollten auch damit beginnen, sich systematisch mit diesen Leuten zu vernetzen. Sobald Sie einen Namen bekommen, denken Sie darüber nach, wie Sie mit dieser Person kommunizieren können. Der einfachste Weg besteht darin, einen Brief zu schreiben, in dem Sie Ihre Meinung über etwas darlegen, mit dem diese Leute zu tun haben, oder in dem Sie einfach Ihre Glückwünsche zu einem errunge-

Sich systematisch vernetzen

9. Kreative Vernetzung

nen Erfolg, einer Geschäftseröffnung, einem Jubiläum etc. aussprechen.

Samen aussäen — Erwarten Sie nicht, daß die betreffende Person Sie zurückruft oder unverhofft vor Ihrer Tür steht. Sie sind dabei, Samen auszusäen. Vielleicht ergibt sich zu einem späteren Zeitpunkt eine weitere Gelegenheit zur Kontaktaufnahme. Und mit der Zeit werden diese kleinen Bemühungen Früchte tragen.

Ich schreibe ständig Briefe an Leute, die ich überall im ganzen Land treffe. Ich schicke ihnen ein Gedicht, manchmal ein Buch oder ein Cassetten-Training oder etwas, von dem ich fühle, daß es den anderen freuen würde. Ich habe das im Laufe der Jahre für Hunderte, vielleicht für Tausende von Leuten gemacht. Inzwischen kommen überall, wo ich hingehe, die Leute auf mich zu und erinnern mich daran, daß ich ihnen – manchmal ist es Jahre her – geschrieben oder etwas geschickt habe.

Werden Sie Mitglied in einem Verband — Sie sollten sich – jetzt gleich – dazu entschließen, einem oder zwei Clubs oder Verbänden beizutreten. Natürlich sollte die erste Vereinigung, der Sie beitreten, eine sein, die für Ihren Beruf von Bedeutung ist. Wenn Sie Unternehmer sind, dann treten Sie einer unternehmerischen Dachorganisation bei. Wenn Sie im Verkauf tätig sind, dann gehen Sie in einen Club oder Verband von Verkaufsprofis. Begehen Sie jedoch nicht den Fehler, lediglich den Treffen beizuwohnen und dann nach Hause zu gehen. Das tun achtzig bis neunzig Prozent der Leute und ziehen damit zwar einen Nutzen aufgrund der Organisation, aber niemals auch nur annähernd so viel, wie wenn sie sich aktiv engagieren würden.

Engagieren Sie sich aktiv — Wenn Sie einem Verband oder einer Organisation beitreten, dann sollten Sie sich die Satzung besorgen und herausfinden, welcher der Ausschüsse am aktivsten und wichtigsten für die Organisation ist. Manchmal ist es der Mitgliederausschuß, manchmal ist es der Bildungsaus-

9. Kreative Vernetzung

schuß oder der Finanzausschuß. Wie dem auch sei, finden Sie heraus, welcher Ausschuß möglicherweise den größten Einfluß auf das Wohl dieser Organisation hat, und stellen Sie sich dann als freiwilliger Mitarbeiter für diesen Ausschuß zur Verfügung. Sobald Sie diesem Ausschuß angehören, entwickeln Sie die Angewohnheit, die „Hand zu heben". Melden Sie sich freiwillig für bestimmte Posten oder um anliegende Arbeiten zu erledigen.

Sich selbst präsentieren

Einer der größten Vorteile, freiwillige Arbeiten für den Ausschuß Ihres Verbandes zu verrichten, besteht darin, daß Sie dadurch die Möglichkeit bekommen, vor Ihresgleichen „aufzutreten", ohne damit eine spezielle Erwartungshaltung verbinden zu müssen. Sie müssen niemanden beeindrucken, und Sie müssen niemanden zu Gegenleistungen bringen. Jedesmal, wenn Sie Verantwortung für eine Aufgabe übernehmen und sie vollständig ausführen, wird man das bemerken. Man wird vielleicht nichts sagen, außer hin und wieder ein Dankeschön oder einen Glückwunsch, aber sie werden sich geistige Notizen machen, die Ihnen später zugute kommen werden.

> Je mehr Sie von sich selbst geben, ohne die Erwartung, etwas zurückzubekommen, desto mehr erhalten Sie aus den unerwartetsten Quellen zurück.

Keine Erwartungshaltung

Die meisten Menschen denken, wenn sie etwas Nettes oder Gutes für einen anderen oder für eine Gruppe tun, dann sollte ihr Lohn direkt von dieser Person oder Gruppe zurückkommen. Aber so funktioniert die Welt nicht. Wenn Sie jemandem etwas Gutes tun, dann zerbrechen Sie sich nicht weiter den Kopf darüber. Solange *Sie* sich um das Aussäen kümmern, wird sich das Universum um die Ernte kümmern. Ihr Lohn wird oft aus einer ganz unerwarteten Quelle und zu einem völlig unerwarteten Zeitpunkt kommen. Alles, was Sie tun müssen, ist sicherzustellen, daß Sie immer weiter investieren. *Der Ertrag kommt von ganz allein.*

9. Kreative Vernetzung

Die besten Leute sind auch die engagiertesten

Als hauptberuflicher Redner arbeite ich mit vielen Gruppen und Verbänden zusammen. Die besten Leute in jedem Verband sind meist diejenigen, die an fast jeder Sitzung teilnehmen. Es sind diejenigen, die sich *immer* Zeit nehmen und ein Opfer bringen. Es sind diejenigen, die *immer* in den Ausschüssen sitzen und in jeder denkbaren Weise freiwillig helfen.

In allen Beziehungen gibt es übrigens eine natürliche Tendenz zum Energieverlust. Oft arbeiten wir sehr intensiv daran, eine Beziehung aufzubauen, und dann, wenn man nicht aufpaßt, fängt man an, die Beziehung als selbstverständlich zu betrachten. Man investiert weniger Energie in die Beziehung. Oft reduziert man die Kommunikation mit dem oder den Menschen. Man geht einfach davon aus, daß alles in Ordnung ist und daß man, weil man ja so beschäftigt ist, nichts mehr tun muß, um die Beziehung aufrechtzuerhalten.

Beziehungen sind eine Funktion der investierten Zeit

Aber bedenken Sie: Alle Beziehungen sind eine Funktion der in sie investierten Zeit. Sie können den Wert, den eine Beziehung für Sie hat, nur erhöhen, indem Sie mehr *Zeit* in sie investieren. Das gilt für die Beziehung zum Ehepartner, die Beziehungen zu Ihren Kindern, Beziehungen zu den Angestellten und ganz besonders für die Beziehungen zu Ihren Freunden und Kollegen im privaten beziehungsweise im beruflichen Bereich. Es gibt keinen Ersatz für die Zeit, die Sie persönlich in Aufbau und Erhalt einer Beziehung investieren. Sie sollten diese Art von „Energieverlust" in Beziehungen entsprechend sensibel behandeln und immer darauf achten, daß die Energie erhalten bleibt.

Beispiel Kundenbeziehungen

So arbeiten zum Beispiel viele Geschäftsleute sehr hart daran, qualitativ hochwertige Kundenbeziehungen aufzubauen. Haben sie diese Beziehungen einmal aufgebaut, betrachten sie sie als selbstverständlich und fangen an, neue Beziehungen zu knüpfen, die noch nicht besonders etabliert sind. Und einige Monate später sind

9. Kreative Vernetzung

sie ganz erstaunt, wenn sie herausfinden, daß ihr Kunde zur Konkurrenz gegangen ist. Kundenbeziehungen gehören aber zu Ihren wichtigsten Anlagewerten, die Sie im Laufe der Jahre entwickeln und pflegen. Wenn Sie all die Bemühungen unternommen haben, die erforderlich sind, um gute Kundenbeziehungen aufzubauen, ist es absolut unerläßlich, einen Plan zur Pflege dieser Beziehungen zu entwickeln. Unternehmen Sie regelmäßig etwas, um Ihre Beziehungen lebendig zu erhalten und wachsen zu lassen.

Beziehungen sind alles. Es liegt an Ihnen, jemand zu werden, der Beziehungen entwickelt. Sie sollten jeden nur denkbaren Weg suchen, um besonders gute Beziehungen aufzubauen und zu erhalten – in Ihrer persönlichen Referenzgruppe, in Ihrem Intelligenz-Netzwerk, in einem Club oder Verband.

Beziehungen sind alles

Die meisten erfolgreichen Menschen verdanken ihre Erfolge der Tatsache, daß sie sich bemüht haben, qualitativ hochwertige Beziehungen aufzubauen und zu erhalten, die schließlich die entscheidenden Türen für sie geöffnet haben. Und das kann auch Ihnen passieren, wenn Sie die kreative Vernetzung in jeder Phase Ihrer Karriere nutzen.

Charakter macht den Unterschied

Das Gesetz der Übereinstimmung

Das *„Gesetz der Übereinstimmung"* ist vielleicht das wichtigste geistige Gesetz, das über Ihren Erfolg oder Mißerfolg im Leben bestimmt. Wie bereits erwähnt, besagt es, daß Ihre äußere Welt eine Reflektion Ihrer inneren Welt ist, daß all das, was Sie innerlich sind, sich über kurz oder lang als sichtbares Ergebnis äußert.

Gültigkeit für alle Lebensbereiche

Dieses Gesetz gilt für jeden Bereich Ihres Lebens. Das Wissen und die mentale Vorbereitung in Ihrem Inneren wird Ihren Wohlstand und beruflichen Erfolg in der äußeren Welt bestimmen. Ihre innere Welt, in der Sie Ihre Persönlichkeit entwickeln, wird Ihre Freundschaften und Beziehungen in der äußeren Welt bestimmen. Ihre innere Einstellung im Hinblick auf Gesundheit und Fitneß wird Ihre körperliche Verfassung bestimmen. Ihre inneren Überzeugungen und Erwartungen werden Ihre Einstellungen und Ihr Verhalten gegenüber anderen Menschen bestimmen.

> **Ihre Außenwelt wird immer Spiegel Ihrer inneren Welt sein.**

Alles Streben ist eine Suche nach persönlichem Glück

Aristoteles, einer der größten Philosophen aller Zeiten, schrieb in seiner *Nikomachischen Ethik,* daß das letztendliche und höchste Ziel aller menschlichen Handlung das *Glück* sei. Alles Streben eines Menschen sei darauf ausgerichtet, ihm zu einem glücklichen Leben zu verhelfen. Manchmal gelingt dies und manchmal nicht, aber das Gefühl von Glück ist immer das Ziel, nach dem jeder Mensch strebt.

10. Charakter macht den Unterschied

Er folgerte, daß jede Handlung dazwischen lediglich ein Schritt in Richtung Glück sei. Jemand möchte einen guten Job haben. Warum? Damit er gutes Geld verdienen kann. Warum? Damit er sich ein schönes Zuhause und ein schönes Auto leisten kann. Warum? Damit er eine gute Beziehung und eine harmonische Familie haben kann. Warum? Damit er ein erfülltes Privatleben führen kann. Warum? Damit er letztendlich glücklich sein kann.

Jede Handlung ist ein Schritt in Richtung Glück

Im Laufe all der vielen Jahre meiner Forschung in Philosophie und Psychologie habe ich herausgefunden, daß nur Menschen, die im Inneren wirklich gut sind, auf Dauer glücklich sein können. In all den Jahren meiner Arbeit über die grundlegenden Voraussetzungen von Selbstvertrauen habe ich herausgefunden, daß nur Menschen mit *soliden inneren Werten* eine Art unerschütterliches Selbstvertrauen hatten, das ihnen ermöglichte, es mit der Welt aufzunehmen. Tatsächlich ist der schnellste Weg, das eigene Selbstvertrauen wiederzuerlangen, der, mit den eigenen, tiefsten inneren Werten in Kontakt zu kommen, die eigenen Überzeugungen zu kennen und sich dann zu weigern, diesbezüglich irgendwelche Kompromisse einzugehen.

Tugend und Glück

> In Wahrheit besteht die Lösung nahezu aller menschlichen Probleme darin, wieder Zugang zu seinen Werten zu finden.

Fast immer werden unsere Probleme dadurch verursacht, daß wir von etwas abweichen, von dem wir wissen, daß es gut und richtig und wahr ist. Die wichtigste Qualität für ein rundum erfolgreiches Leben ist *Integrität*. Auch *Aristoteles* vertrat die Ansicht, daß ein Leben, das auf Tugendhaftigkeit aufbaut, auf Ehrlichkeit, Integrität, Mut, Großzügigkeit, Durchhaltevermögen und so weiter, zu einem guten und glücklichen Leben führen würde. Dabei ist es wichtig zu erkennen, daß Integrität eine *Grundtugend* ist, auf der alle anderen Tugenden aufbauen. Wenn Sie integer sind, dann bedeutet das, daß Sie auch

Integrität

10. Charakter macht den Unterschied

Ihren Werten treu bleiben. Wenn Sie nicht integer sind, bedeutet das, daß Sie Ihren Werten bei der geringsten Versuchung untreu werden und Kompromisse machen.

Übung
Wir möchten Ihnen an dieser Stelle Gelegenheit bieten, sich über Ihre Wertvorstellungen Klarheit zu verschaffen. Was sind Ihre Werte? Was ist das, woran Sie glauben? Wofür treten Sie ein? Wofür treten Sie nicht ein? Bemühen Sie sich um jeweils eindeutige Begriffe.

___

___

___

___

___

Basis für Ihre Charakterbildung Die Fähigkeit, Ihre Werte klar zu definieren, ist grundlegend für Ihre Charakterbildung. Wenn Sie ein hohes Charakterniveau haben, das auf festen Werten beruht, werden Sie innerlich glücklich und zufrieden sein, können Sie ein schönes Leben genießen und werden Sie eine hohe Anziehungskraft für andere Menschen haben.

Übung
Sobald Sie Ihre Werte definiert haben, sollten Sie diese in der Reihenfolge ihrer Priorität ordnen. Es reicht, wenn Sie sich dabei auf drei bis fünf Grundwerte beschränken, die für Sie von besonderer Wichtigkeit sind.

1. ___

2. ___

3. ___

10. Charakter macht den Unterschied

4. _____

5. _____

Die Reihenfolge, in der Sie Ihren Werten Prioritäten zuordnen, hat eine hohe Aussagekraft hinsichtlich Ihres Charakters. Sie gibt Auskunft darüber, was für ein Mensch Sie sind und was für ein Leben Sie führen. Wir sprachen schon über die Bedeutung von Wahl und Entscheidung. Jede Ihrer Handlungen, jede Ihrer Entscheidungen basiert auf Ihren jeweils dominanten Werten. Sie sind ein wählender Organismus. Das, was Sie von allen anderen Lebewesen unterscheidet, ist, daß Sie bewußt wählen können. Jeder einzelne Teil Ihres Lebens ist das Ergebnis einer Wahl, einer guten oder einer schlechten Wahl. Und jede Wahl basiert darauf, was Sie im entsprechenden Moment als die wertvollste und wichtigste Überlegung ansehen.

Die Bedeutung der Prioritätenliste

Woher wissen Sie, was Ihre Werte sind? Das ist ganz einfach. Ihre Werte drücken sich immer wieder in Ihren Handlungen aus, in Ihrem Verhalten. Gerade wenn Sie unter Druck stehen, zeigen Sie sich selbst und allen anderen durch das, was Sie tun, woran Sie wirklich glauben und was Sie als wertvoll erachten. Denn Sie können immer nur eine Sache zur gleichen Zeit machen, müssen also immer wählen. Und Sie wählen stets das, was Ihnen in einem bestimmten Moment am wichtigsten ist.

Wie Sie Ihre Werte erkennen

Lassen Sie mich Ihnen ein Beispiel geben. Stellen Sie sich vor, wir haben die beiden obigen Übungen zur Ermittlung der persönlichen Werte mit zwei Personen A und B durchgeführt. A nennt drei Werte in der folgenden Reihenfolge:

Beispiel

1. Familie
2. Gesundheit
3. Karriere.

10. Charakter macht den Unterschied

Damit sagt Person A, daß sie ihre Familie über Gesundheit und Karriere stellt. Wenn sie sich zwischen Familie und Karriere entscheiden muß, entscheidet sie sich also für die Familie und gegen die Karriere. Wenn sie sich zwischen Gesundheit und Karriere entscheiden muß, hat die Gesundheit den höheren Stellenwert.

Person B nennt genau die gleichen drei Werte. Nur sind die Werte bei ihr in einer etwas anderen Reihenfolge angeordnet. Für Person B sehen die Prioritäten wie folgt aus:

1. Karriere

2. Familie

3. Gesundheit.

Das bedeutet, daß Person B die Karriere vor die Familie stellt, wenn sie wählen muß. Karriere und Familie werden, wenn B wählen muß, der Gesundheit vorangestellt.

Der Unterschied zwischen Person A und Person B

Nun möchte ich Sie fragen: Sehen Sie einen Unterschied zwischen Person A und B? Ist der Unterschied klein oder groß? Würden Sie lieber mit Person A oder mit Person B befreundet sein? Und zu guter Letzt: Wären Sie in der Lage, Person A von Person B zu unterscheiden, wenn Sie die beiden privat oder geschäftlich treffen würden?

Sicher fällt es Ihnen nicht schwer, sich vorzustellen, daß Person B, die ihre Karriere als ersten Wert nennt, ein völlig anderer Mensch sein wird als Person A, bei der die Familie an erster Stelle steht. Die von A genannte Reihenfolge Familie, Gesundheit und Karriere ist eine Anordnung von Werten, die das Leben bereichert. Wer konsequent entsprechend diesen Prioritäten lebt, wird weitaus glücklicher sein als jemand, der seine Karriere vor seine Familie und insbesondere vor seine Gesundheit stellt. Das Beispiel zeigt, daß beides, sowohl die Werte als auch deren Reihenfolge, mit Sorgfalt ausgewählt werden wollen.

10. Charakter macht den Unterschied

Übung
Sobald Sie Ihre Werte bestimmt und nach Prioritäten geordnet haben, sollten Sie sich überlegen, wie konsequent Sie sich an diese Werte halten, wie hoch der Grad Ihrer Integrität ist.

1. _____

2. _____

3. _____

4. _____

5. _____

Eines der echten Probleme unserer heutigen Gesellschaft ist das Phänomen „situativer Werte" oder einer „situativen Ethik": die Diskrepanz zwischen dem, was gesagt und getan wird. Viele Leute begreifen nicht, daß ihre wahren Werte nicht davon bestimmt sind, was sie wünschen, hoffen, sagen oder beabsichtigen. — **Problem: situative Ethik**

> **Ein Mensch definiert sich nur nach dem, was er oder sie tut, und nicht danach, was er oder sie sagt.**

Ihr Erfolg und Ihr Glück hängt grundsätzlich davon ab, daß Sie hundertprozentig ehrlich zu *jedem* sind, den Sie kennen und mit dem Sie zu tun haben, sowohl privat wie auch geschäftlich. Es gibt nichts, was Ihnen schneller die Unterstützung von Menschen einbringt, als sich den Ruf zu verschaffen, ein Mensch von Charakter und Integrität zu sein. Gleichzeitig gibt es nichts, was Ihre Laufbahn schneller lahmlegt und sabotiert, als in den Ruf zu kommen, jemand zu sein, auf den man sich nicht verlassen kann. — **100% Ehrlichkeit**

Ehrlichkeit bedeutet, daß Sie vor allem sich selbst gegenüber immer ehrlich sind. *Shakespeare* sagte:

10. Charakter macht den Unterschied

> „Zu deinem eigenen Selbst sei ehrlich, und es folgt, wie die Nacht dem Tage, daß du zu niemand anderem mehr unehrlich sein kannst."
> (To thine own self be true, and it must follow, as the night the day, thou canst not then be false to any man).

Ehrlichkeit zu sich selbst Sich selbst gegenüber ehrlich zu sein ist der Anfang zur Entwicklung eines wirklich guten Charakters. Das bedeutet, sich selbst immer die Wahrheit zu sagen. Sich nicht selber etwas vorzumachen oder Spielchen mit sich selbst zu spielen. Nicht zu versuchen, etwas zu glauben, was völlig unmöglich ist. Nicht zu wünschen und zu hoffen, daß die Dinge anders sein sollten, als sie sind. Sich selbst gegenüber ehrlich zu sein bedeutet, immer sein Bestes zu geben, egal welche Aufgabe oder Verantwortung man auch übernimmt. Ehrlichkeit und Integrität zeigen sich in der Qualität und Perfektion Ihrer Arbeit.

> Jede Arbeit trägt die Handschrift dessen, der sie gemacht hat.

Kompromißlose Aufrichtigkeit Integrität bedeutet, jedem Menschen bei jeder Gelegenheit aufrichtig, geradeheraus und ehrlich zu begegnen. Es bedeutet, daß Sie niemals lügen. Sie belassen es nie bei einer Situation, die für Sie nicht stimmt. Sie schließen bezüglich Ihrer Integrität keine Kompromisse, indem Sie sich auf die Lippen beißen und lieber nicht sagen, was Sie wirklich denken und fühlen. Genauso ehrlich, wie Sie zu sich selbst sind, so ehrlich sind Sie auch zu anderen. Eindeutiges Kennzeichen eines wahrhaft ehrlichen Menschen ist, seinen *inneren Frieden* als höchstes Ziel anzusetzen, das er für nichts und niemanden durch einen Kompromiß opfert.

Hören Sie auf Ihre Intuition Ehrlichkeit und Integrität bedeuten, auf sich selbst zu hören und der *inneren Stimme* zu vertrauen. Sie hören auf Ihre *Intuition* und lassen sich von ihr führen, das Richtige zur richtigen Zeit zu sagen und zu tun. Wenn Sie still für sich alleine dasitzen, dann spüren Sie ein tie-

10. Charakter macht den Unterschied

fes inneres Gefühl von Frieden und Verbundenheit mit dem ganzen Universum. Dieses Gefühl äußert sich, wenn Sie in Wahrheit mit sich selbst und anderen leben.

Aufrichtigkeit ist eine unerläßliche Bedingung für die Entwicklung von Charakterstärke. Und diese zu entwickeln sollte ein zentrales Anliegen in Ihrem gesamten Leben sein. Schon zu Zeiten Aristoteles' galt als Sinn und Zweck von Erziehung die Entwicklung des Charakters der Jugendlichen. Heutzutage wachsen viele junge Menschen auf, ohne ein Gefühl für Richtig und Falsch vermittelt zu bekommen. Oftmals herrscht unter ihnen die Meinung, Werte seien relativ. Doch diese Form der Relativität von Werten führt in eine Sackgasse. Für den, der sich darauf einläßt, hat dieses Denken letztendlich katastrophale Folgen. Tatsache ist, daß Werte *nicht* relativ sind. Es gibt Werte, die das Leben bereichern, und Werte, die das Leben verschlechtern. Ist ein Wert gut, dann trägt er zu Ihrer Lebensqualität und Ihren Beziehungen bei. Wenn er das nicht tut, ist es kein guter Wert und sollte vermieden werden.

Werte sind nicht relativ

In Wahrheit zu leben bedeutet, sich der Wahrheit über sich selbst und seine Umgebung zu stellen. Sie leben entsprechend Ihren innersten Überzeugungen. Sie spielen keine Spielchen mit sich selbst und wünschen oder hoffen nicht, daß die Dinge anders sein könnten, als sie sind. Sie akzeptieren, daß die Welt nur dann besser werden kann, wenn *Sie* besser werden. Nichts und niemand wird vorbeikommen und etwas für Sie ändern. Wenn Sie wollen, daß sich etwas ändert, dann werden Sie die Änderungen selbst vornehmen müssen.

In Wahrheit leben

Ihre Ehe wird nur dann besser werden, wenn *Sie* ein besserer Ehepartner werden. Ihre Geschäfte werden nur dann besser, wenn *Sie* ein besserer Manager oder eine bessere Führungskraft werden. Ihre Verkaufszahlen und Kunden werden nur dann besser, wenn *Sie* ein besserer Verkäufer werden.

Nichts ändert sich, außer Sie ändern sich

10. Charakter macht den Unterschied

Die Menschen ändern sich nicht

Eines der grundlegenden Prinzipien menschlichen Lebens ist fast schon ein Gesetz: *„Die Menschen ändern sich nicht."* Es ist tatsächlich so, daß Menschen unter Streß sich nicht nur nicht ändern, sondern ihr Charakter noch deutlicher zutage tritt. Besitzt jemand eine anstrengende Persönlichkeit, wird sie unter Streß noch anstrengender werden. Wenn eine Person sehr stur oder dogmatisch ist und man sie unter Druck setzt, wird sie nur noch sturer und dogmatischer werden. Zeigt eine Person einen kleinen Hauch von Unehrlichkeit, dann wird sie in Streßsituationen eine noch größere Unehrlichkeit aufweisen.

Die Welt sehen, wie sie ist, nicht, wie sie sein sollte

Ehrlichkeit bedeutet in unserer sich schnell verändernden Welt auch, daß Sie die Welt so sehen, wie sie ist, und nicht, wie Sie wünschen, daß sie sei – insbesondere mit Sicht auf die Explosion von Information und Technologie. Viele Leute denken, es würde ausreichen, ab und zu etwas zu tun, um mit dem schnellen Wachstum von Wissen und Technologie mithalten zu können. Aber das ist nicht genug für einen ehrlichen Menschen.

> Wer wirklich ehrlich ist, erkennt, daß man laufen muß, nur um auf dem gleichen Niveau zu bleiben.

Jack Welch, Präsident von General Electric, einem der größten Konzerne der USA, sagte kürzlich:

> „Wenn die Änderungsrate außerhalb Ihres Unternehmens größer ist als die unternehmensinterne Änderungsrate, ist das Ende schon in Sicht."

Und das gilt auch für Sie als Person.

Nichts ist umsonst

Wirkliche Ehrlichkeit bedeutet, niemals zu erwarten, daß man mehr herausbekommt, als man hineinsteckt. Erwarten Sie niemals, irgend etwas für nichts zu bekommen. Verzichten Sie also auf Glücksspiele oder Lotteriescheine. Es wäre ein Versuch, für nichts etwas zu be-

10. Charakter macht den Unterschied

kommen, und die wahrhaft ehrliche Person versucht gar nicht erst, schnell und leicht reich zu werden und eine Belohnung ohne Arbeit zu bekommen.

Ehrlichkeit und Charakterstärke bedeuten auch, der Versuchung zu widerstehen, irgendeinen Lebensbereich auf die Schnelle zu ändern. Heutzutage fühlen sich Millionen von Menschen zu diesen schnellen Lösungen hingezogen. Die Leute glauben, daß Probleme, die häufig über viele Monate und Jahre hinweg entstanden sind, mit irgendeinem „Goldenen Ei" gelöst werden können. Sie sind ungeduldig und wollen sofortige Resultate. Sie suchen immer nach Abkürzungen, und als Folge davon sind sie immer frustriert und unglücklich.

Es gibt keine Abkürzungen

Im vorhergehenden Kapitel habe ich gesagt, daß Beziehungen für ein glückliches, gesundes und erfolgreiches Leben eine zentrale Rolle spielen. Und alle Beziehungen basieren auf Vertrauen. Vertrauen ist der Klebstoff, der Beziehungen zusammenhält. Sie können alle möglichen Schwierigkeiten mit einem anderen Menschen haben, aber solange das Vertrauen und der Respekt noch da sind, kann die Beziehung weiter bestehen. Falls aber jemals das Vertrauen verlorengeht, kann eine Beziehung wie ein Kartenhaus zusammenstürzen.

Vertrauen und Respekt

Alle geschäftlichen Beziehungen basieren auf Vertrauen. Alle Beziehungen, bei denen es um Geld geht, sind abhängig vom Wort des Kreditnehmers oder Gläubigers. Alle Beziehungen mit Ihren Bankiers, Ihren Lieferanten, Ihren Kunden, Ihren Mitarbeitern und jedem anderen Menschen leben von gegenseitigem Vertrauen.

Männer und Frauen von hoher Integrität sind extrem wachsam, was das Niveau an Vertrauen betrifft, das sie aufgebaut haben und aufrechterhalten. Sie gehen extrem sorgfältig mit ihren Krediten, ihren finanziellen Verpflichtungen und Arrangements um. Sie halten *immer* ihr Wort. Sie kümmern sich besonders sorgfältig um ihre

Besondere Sorgfalt in Geldangelegenheiten

10. Charakter macht den Unterschied

Beziehungen zu Banken und Kreditkarten-Unternehmen, um ihre Rechnungen und alle Geldangelegenheiten.

Beispiel Vor kurzem mußten zwei meiner Freunde während eines konjunkturellen Tiefs für ihre Unternehmen Konkurs anmelden. Was jedoch bei diesen beiden Konkursen am Ende herauskam, war vollkommen unterschiedlich.

Der eine war mit all seinen Rechnungen und finanziellen Angelegenheiten während seiner gesamten Karriere immer peinlich genau. Hatte er jemals ein finanzielles Problem, dann wandte er sich an die betreffende Person oder Bank und regelte Rückzahlung und Zinsen neu. Als er durch einen massiven finanziellen Verlust zum Konkurs gebracht wurde, mußte er all seine Güter aufgeben und stand am Ende ohne einen Pfennig da.

Innerhalb von sieben Tagen jedoch traten seine wichtigsten Kreditgeber an ihn heran und boten ihm Kreditkarten, Geld, Anleihen, Büroräume, eine Wohnung und ein neues Auto an. Sein Konkurs hatte somit kaum Auswirkungen für ihn. Mein anderer Freund dagegen hatte nicht soviel Glück. Wenn er finanzielle Probleme hatte, beschummelte er seine Gläubiger, stellte Schecks aus, für die keine ausreichende Deckung vorhanden war, vermied Telefonate mit seinen Geldgebern und änderte schließlich seine Adresse und Telefonnummer. Er behandelte Menschen, die ihm vertraut und Geld geliehen hatten, als wären sie dumm. Als er schließlich bankrott ging, fand er nirgends Unterstützung. Es wird ihn einige Jahre Aufbauarbeit kosten, nur um wieder eine Kreditkarte zu bekommen. Zur Zeit muß er alles, sogar seine Miete, sofort und in bar bezahlen.

Charakter öffnet Tür und Tor Männer und Frauen mit Charakter ziehen gute Gelegenheiten an. Menschen mit Charakter öffnen sich Tür und Tor. Aber ohne Charakter bleiben die Türen verschlossen, und gute Gelegenheiten werden zurückgehalten. Die wichtigste Sache, die Sie Ihren Kindern beibringen kön-

10. Charakter macht den Unterschied

nen, ist ein Gefühl für Ehrlichkeit und die Angewohnheit, bei allem, was sie tun oder sagen, aufrichtig zu sein.

Ich habe vier Kinder. Ich bin stolz darauf, zu sagen, daß jedem meiner Kinder schon von klein auf die Bedeutung von Ehrlichkeit vermittelt wurde. Meine drei ältesten Kinder sind 9, 13 und 16, und meine Jüngste, Catherine, ist erst 4. Die drei älteren sagen leidenschaftlich gern die Wahrheit. Ich kann ihnen jede Frage stellen, und sie werden mir immer die Wahrheit sagen. Natürlich – manchmal machen sie Späße, aber wenn ich sie ernsthaft nach der Wahrheit frage, sagen sie sie mir immer, egal, was es ist. Ich bin sehr stolz auf sie. Es ist schon erstaunlich, wie viel besser die Beziehungen zwischen Eltern und Kindern sind, wenn sie sich gegenseitig absolut vertrauen. Das gilt natürlich in gleichem Maße für Ehepartner.

Kindern Aufrichtigkeit vermitteln

Wenn ein Paar ideal zusammenpaßt, vertrauen sie einander absolut – und sind die besten Freunde. Es gibt niemanden, mit dem sie ehrlicher reden und dem sie sich mehr öffnen würden als ihrem Partner. Charakter, Integrität und Ehrlichkeit sind die grundlegenden Qualitäten jeder außergewöhnlich guten Beziehung.

Aufrichtigkeit zwischen Ehepartnern

Es gibt einen wunderbaren Test, den Sie regelmäßig mit sich selbst durchführen können, um Ihre Charakterstärke zu überprüfen. Er beruht auf dem berühmten *kategorischen Imperativ* von *Immanuel Kant,* der lautet: „Handle so, daß die Maxime deines Willens jederzeit zugleich als Prinzip einer allgemeinen Gesetzgebung gelten könne." Die Testfragen, die sich aus diesem Moralgesetz ableiten lassen und die Sie sich selbst regelmäßig stellen sollten, lauten:

Charakter-Test

- Wie würde meine Welt aussehen, wenn jeder darin genauso wäre wie ich?
- Was für ein Land wäre mein Land, wenn jeder darin genauso wäre wie ich?

10. Charakter macht den Unterschied

■ Was für eine Firma wäre meine Firma, wenn jeder darin genauso wäre wie ich?

■ Wie würde meine Familie aussehen, wenn jeder darin genauso wäre wie ich?

Kontinuierliche Weiterentwicklung

Die Beantwortung dieser Fragen wird bei keinem Menschen zu hundertprozentiger Zufriedenheit führen. Wir alle haben ein paar Dinge, die wir verbessern könnten. Wir alle sollten immer wieder höhere Ansprüche an uns selbst stellen. Wir alle müssen kontinuierlich an der Entwicklung unseres Charakters arbeiten. Wir müssen uns darum bemühen, bessere Menschen zu werden. Und wir können uns nie erlauben, selbstgefällig zu werden, egal, wieviel wir erreichen.

Sich selbst als Vorbild betrachten

Eines der Kennzeichen von herausragenden Persönlichkeiten ist, daß sie sich selbst als Vorbilder betrachten. Sie stellen sich vor, daß jeder sie beobachtet, auch wenn gar niemand hinsieht. Wenn sie für ein Unternehmen arbeiten, stellen sie sich vor, daß ihr Chef neben ihnen sitzt, sie beobachtet und Notizen für die jährliche Beurteilung ihrer Leistung macht. Sie stellen an sich selbst sehr viel höhere Ansprüche, als andere es je tun würden. Wir wissen jedoch, daß nur die wenigsten Menschen in unserer Gesellschaft – etwa zwei Prozent – sich konsequent auf so hohem Niveau verhalten können.

Mehr Mut, Vertrauen, innere Stärke

Wenn Sie sich selbst hohe Standards setzen und die Entscheidung treffen, daß Sie Ihren höchsten Werten und Ihrer innersten Überzeugung folgend leben werden, dann werden Sie binnen kürzester Zeit beginnen, sich wirklich gut zu fühlen. Sie beenden faule Kompromisse in den Beziehungen mit den Menschen in Ihrer Umgebung. Sie sprechen offen und ehrlich mit jedem, mit dem Sie zusammenleben und -arbeiten. Sie üben echte Aufrichtigkeit mit sich selbst und allen anderen, und als Folge davon werden Sie mehr Mut und Vertrauen haben. Sie fühlen sich phantastisch und spüren eine gewal-

10. Charakter macht den Unterschied

tige innere Macht und Stärke. Und je konsequenter Sie entsprechend Ihren Werten leben, desto eher entwickeln Sie einen besonders feinen Charakter und fühlen immer mehr, daß Sie nichts mehr aufhalten kann!

Die eigene Macht erkennen

Drei wesentliche persönliche Eigenschaften

Es gibt drei Eigenschaften, die für Ihren Erfolg sehr wesentlich sind. Es sind Eigenschaften, die alle erfolgreichen Männer und Frauen von Beginn der Menschheitsgeschichte an bis zum heutigen Tage auszeichnen. Diese Eigenschaften sind grundlegend für die Entwicklung einer ausgeprägten Persönlichkeit. Es sind die fundamentalen Elemente eines großen persönlichen Charakters. – Und glücklicherweise kann man sie alle erlernen.

Die drei Qualitäten, die Sie beherrschen müssen, um das *Thinking Big* sowohl im Denken wie auch im Handeln anzuwenden, sind:

- Selbstdisziplin
- Mut
- Durchhaltevermögen.

Alle drei Qualitäten verstärken sich wechselseitig, jede ist unerläßlich für die anderen. Keine dieser Qualitäten kann existieren, ohne daß die anderen beiden bis zu einem gewissen Grad entwickelt sind.

Selbstdisziplin

Die Basis eines Charakters ist *Selbstdisziplin*. Sie können über jeden Vorteil im Leben verfügen. Sie mögen die beste Ausbildung haben und auf jeder Ebene über wunderbare Kontakte verfügen. Mangelt es Ihnen jedoch an Selbstdisziplin, um Ihren eigenen Willen, Ihre Gedanken und Verhaltensweisen zu kontrollieren, dann wird Ihnen all das nichts nützen. Andererseits können Sie mit einer gut entwickelten und regelmäßig geübten Selbstdisziplin alles tun, haben oder sein, was Sie sich wünschen.

11. Die eigene Macht erkennen

> Erfolg ist eine große Portion Selbstdisziplin.

Die möglicherweise beste Definition von Selbstdisziplin ist folgende:

> Selbstdisziplin ist die Fähigkeit, sich selbst dazu zu bringen, das zu tun, was man tun sollte und wann man es tun sollte, ob man sich danach fühlt oder nicht.

Ich sagte bereits, daß eine positive innere Einstellung, ein Gefühl inneren Glücks und persönlicher Stärke, auf dem Gefühl von Kontrolle beruht. Nur wenn Sie das Gefühl haben, sich selbst und Ihr Leben steuern zu können, werden Sie zufrieden mit sich sein und das leisten können, was auf Sie zukommt. Das Gefühl von Kontrolle ist die Grundlage einer ausgeglichenen Persönlichkeit. Jede Art von Streß und Frustration beruht auf dem Gefühl, sich selbst und sein Leben nicht im Griff zu haben oder von anderen abhängig zu sein. **Selbstkontrolle**

Viele Menschen haben das Gefühl, ihr Chef bestimme ihr Leben. Andere meinen, ihre Rechnungen oder ihre Familien oder ihre früheren Erlebnisse als Kind bestimmten, was geschieht. Was es auch sein mag, in Wahrheit haben *Sie* die absolute Kontrolle über Ihr Leben – wenn Sie wollen.

Selbstdisziplin ist die geistige Fähigkeit, die es Ihnen ermöglicht, den Ablauf der Ereignisse in Ihrem Leben selbst zu bestimmen. Und das ist der Schlüssel zur Selbstkontrolle und zur eigenen Macht. Sie können immer selbst entscheiden, was Sie zuerst tun werden, was Sie als zweites tun werden und was Sie überhaupt nicht tun werden. Die *freie Wahl*, die Sie bezüglich des Ablaufes der Ereignisse und Aktivitäten in Ihrem Leben treffen, bestimmt alles, was mit Ihnen passiert. Was Sie heute sind und wo Sie heute stehen, ist das Ergebnis Ihrer Entscheidungen in der Vergangenheit. **Selbstdisziplin ist der Schlüssel zur Selbstkontrolle**

11. Die eigene Macht erkennen

> Wenn Sie Ihr Leben zukünftig verbessern wollen, dann müssen Sie jetzt damit beginnen, andere und bessere Entscheidungen zu treffen.

Realitätsprinzip Es ist wichtig zu registrieren, daß Handlungen zu Konsequenzen führen. Das *„Realitätsprinzip"* besagt, daß Sie die Handlungen steuern können, die Konsequenzen dann aber eine Eigendynamik entwickeln. Man kann nicht eine Handlung wollen, ohne gleichzeitig die Ergebnisse zu wollen. Viele Leute sehen diesen Punkt nicht mit der notwendigen Klarheit. Nicht zu handeln ist oftmals genauso entscheidend für Ihr Leben und Ihre Zukunft wie jede Tat. Man kann alles, was Konsequenzen mit sich bringt, als Handlung betrachten, selbst wenn die Handlung darin besteht, etwas ganz Bestimmtes *nicht* zu tun.

Auch nicht zu handeln hat Konsequenzen Wenn Sie zum Beispiel Ihre Fähigkeiten nicht ständig auf den neusten Stand bringen, dann folgt daraus eine Reihe von Konsequenzen, zum Beispiel, daß Ihnen berufliche Chancen einfach nicht mehr offenstehen. Wer abends nach Hause geht und Fernsehen schaut, widmet sich in erster Linie dem Fernsehen und nicht seiner Familie oder produktiven Tätigkeiten.

Ihre Zeit ist begrenzt Ihre Zeit ist begrenzt. Sie können Tag für Tag nur eine begrenzte Anzahl von Dingen tun. Wenn Sie viel Zeit mit produktiven Aktivitäten verbringen, die Ihr Lebensgefühl verbessern und die Sie Ihren wichtigsten Zielen näherbringen, dann bleibt für unproduktive oder geringerwertige Aktivitäten praktisch kaum Zeit übrig. Um es ganz banal auszudrücken:

> Erfolglose Menschen verschwenden ihre Zeit, erfolgreiche Menschen nutzen ihre Zeit.

Erst die Hauptspeise, dann das Dessert Erfolgreiche Leute nehmen die „Hauptspeise" vor dem „Dessert". Sie entschließen sich, das zu tun, was wichtig und notwendig ist, bevor sie das tun, was Spaß macht und leicht ist. Sie nutzen ihre Willenskraft und

11. Die eigene Macht erkennen

disziplinieren sich selbst, bevor sie sich auf entspannende, amüsante Aktivitäten einlassen. Sie wissen, daß der Preis des Erfolgs im voraus zu bezahlen ist.

Ein Unternehmer namens *Herbert Gray* untersuchte zwölf Jahre lang erfolgreiche Leute und suchte nach dem, wie er es nannte, „gemeinsamen Nenner für Erfolg". Er fand heraus, daß der Unterschied zwischen erfolgreichen Leuten und erfolglosen Leuten der war, daß erfolgreiche Leute sich mehr mit *„angenehmen Ergebnissen"* beschäftigten und erfolglose Leute sich mehr mit „angenehmen Methoden". Erfolgreiche Leute beschäftigten sich mehr mit dem, was wahrscheinlich als Ergebnis ihrer Bemühungen passieren würde. Erfolglose Leute dagegen achteten mehr darauf, den Weg an sich zu genießen, und verschwendeten nicht allzu viele Gedanken darauf, welche Ergebnisse letztendlich eintreten würden, wenn man hauptsächlich auf einen angenehmen Weg abzielt.

Ergebnisorientierung

Denis Waitley sagt, erfolgreiche Leute konzentrierten sich auf die *„Zielerreichung"*, während erfolglose Leute sich darauf konzentrierten, „Spannung loszuwerden". Nun, es ist wichtig, Spannung loszuwerden, aber erst nach der Zielerreichung.

Diese Fähigkeit, die Reihenfolge der Ereignisse zu wählen, auszuwählen, was notwendig und hilfreich für die Zukunft ist, ist ausschließlich eine Frage von Selbstdisziplin und Willenskraft. Es ist Ihre Bereitschaft, etwas für sich selbst zu tun. Ihre Bereitschaft, unnachgiebig zu sich selbst zu sein und sich immer und immer wieder dazu zu bringen, das zu tun, was richtig und notwendig ist, bis es zu einer Gewohnheit geworden ist.

Die richtige Reihenfolge wählen

Erfolgreiche Leute haben Selbstdisziplin zu einer Gewohnheit entwickelt. Versager sind Menschen, die diese Gewohnheit niemals entwickelt haben. Zur Zeit der alten Griechen diente die gesamte Erziehung zur Entwicklung des Charakters, und der Kern der Charak-

Selbstdisziplin zur Gewohnheit werden lassen

11. Die eigene Macht erkennen

tererziehung bestand in der Entwicklung von Disziplinen, die jungen Menschen für den Rest des Lebens dienlich sein würden.

Selbstdisziplin üben

Lassen Sie uns annehmen, Sie kommen an einen Punkt in Ihrem Leben, an dem Sie nicht ganz so diszipliniert sind, wie Sie es gerne wären. Was machen Sie? – Probieren Sie es mit der folgenden Übung, und Sie werden verblüfft sein, wie gut sie funktioniert.

Übung

Stellen Sie sich einfach vor, wie Sie sich verhalten würden, wenn Sie bereits einen hohen Grad an Selbstdisziplin besäßen. Bleiben Sie bei diesem einen Gedanken und visualisieren Sie ihn regelmäßig. Ersetzen Sie das Bild von sich selbst als undiszipliniertem Menschen durch das Selbstbild eines hoch disziplinierten Menschen. Sagen Sie sich im Laufe eines Tages bei jeder passenden Gelegenheit: „Ich bin absolut diszipliniert."

Unterbewußtsein steuern

Sie verhalten sich so, als ob Sie diszipliniert seien, bis sich das neue Verhalten in Ihr Unterbewußtsein eingegraben hat und Sie automatisch in allem, was Sie tun, wirklich diszipliniert sind und Ihr Verhalten steuern. Sie tun so lange „als ob", bis es wirklich so ist. Das ist übrigens kein einfacher Prozeß, aber er ist ausgesprochen machbar.

Stecken Sie Ihre Ziele nicht zu hoch

Achten Sie jedoch darauf, daß Sie mit einfachen Situationen beginnen. Versuchen Sie nicht, Ihr ganzes Leben auf einmal zu ändern und umzukrempeln. Jede Disziplin, an der Sie arbeiten, stärkt Sie auch in anderen Situationen. Sollten Sie sich zum Beispiel entschließen, ein wenig früher aufzustehen, dann disziplinieren Sie sich, 15 Minuten früher aufzustehen – für ein paar Tage, vielleicht sogar für ein paar Wochen. Tun Sie das immer wieder, bis Sie automatisch 15 bis 30 Minuten früher aufstehen. Ändern Sie lediglich einen Aspekt, bis er „sitzt", und nutzen Sie das als Sprungbrett, um Ihre Selbstdisziplin weiter zu trainieren.

11. Die eigene Macht erkennen

Am Anfang dieses Buches sprachen wir darüber, daß die Fähigkeit, Visionen zu entwickeln, die Eigenschaft ist, die alle führenden Persönlichkeiten auszeichnet. Eine mindestens ebenso wichtige Eigenschaft ist der Mut, die Courage.

Mut und Courage

> „Mut wird zu Recht als die wichtigste aller Tugenden erachtet, denn – von ihr hängen alle anderen ab."
>
> Winston Churchill

Ohne den Mut, die Disziplin und Willenskraft, einer Vision zu folgen, an ihrer Verwirklichung zu arbeiten, hat man nichts als Seifenblasen produziert, die sich schnell in nichts auflösen. Sie haben vielleicht schon einmal gehört, daß die Straße zur Hölle mit guten Vorsätzen gepflastert ist. Das bedeutet: Die Welt ist voll von Leuten mit hohen und noblen Zielen und Vorhaben, aber nur sehr wenige haben den Mut, die Disziplin und die Willenskraft, sie auszuführen.

Keine Seifenblasen produzieren

Das Interessante, wenn man Tugenden wie Selbstdisziplin und Mut konsequent verfolgt, ist: Jedesmal, wenn man sich in Disziplin oder Mut übt, fühlt man sich stärker, selbstbewußter und souveräner. Die eigene Selbstachtung steigt, und man fühlt sich innerlich glücklich. Auf der anderen Seite sinkt die Selbstachtung in den Keller, wenn man seine Selbstdisziplin untergräbt oder seinen Mut aufgibt. Man fühlt sich schwach und hilflos, man mag und respektiert sich selbst nicht mehr.

Selbstdisziplin stärkt das Selbstbewußtsein

Das bedeutet: Eigene Stärke zu entwickeln erfordert, daß Sie immer und immer wieder Ihren höchsten Tugenden folgen. Sie sind nicht nur selbstverstärkend, sondern auch selbstbelohnend. Sie werden jedesmal unmittelbar mit innerer Genugtuung belohnt, wenn Sie sich selbst dazu bringen, das zu tun, was Sie tun sollten, auch wenn Sie sich nicht danach fühlen.

Tugendhaftigkeit führt zu innerer Stärke

11. Die eigene Macht erkennen

Mut versus Angst — Wir sagten bereits, daß die Angst vorm Versagen das größte Erfolgshindernis im Leben ist. Das Gegenmittel dazu ist der *Mut zum Handeln.* Genauso wie bei der körperlichen Fitneß bedarf es eines guten Trainings, um Mut zu entwickeln und aufzubauen.

Der Angst ins Auge sehen — Wir alle kennen die kleinen Mutproben aus unserer Kindheit: auf einem Baum immer höher und höher hinaufsteigen oder im Schwimmbad vom Drei-Meter-Turm springen. Mut entwickelt man, indem man seinen Ängsten ins Auge sieht. *Ralph Waldo Emerson* schrieb:

> „Tun Sie das, wovor Sie Angst haben, und das Ende Ihrer Angst ist Ihnen gewiß."

Sie erlangen Selbstkontrolle — Wenn Sie das tun, wovor Sie Angst haben, dann übernehmen Sie sowohl die Kontrolle über Ihre Emotionen als auch über Ihr Leben. Sie ändern Ihre innere Haltung von neutral oder negativ hin zu positiv und optimistisch.

Systematische Desensibilisierung — In der Psychologie nennt man diesen Prozeß „*systematische Desensibilisierung*". Vereinfacht gesagt besagt dies, daß Sie etwas, wovor Sie Angst haben, so lange tun, bis es bei Ihnen keine negativen Emotionen mehr hervorruft. *Toastmasters International* setzt diese Methode ein, um das Reden in der Öffentlichkeit zu schulen, und zwar speziell für die Leute, denen bei der bloßen Idee, aufzustehen und vor andern zu sprechen, der Angstschweiß ausbricht. Bei jeder Sitzung wird jeder Teilnehmer aufgefordert, aufzustehen und zu sprechen, und sei es auch nur für ein paar Sekunden. Nach mehreren Monaten wöchentlicher Treffen sind die Teilnehmer nicht nur selbstbewußt im Hinblick auf ihre Fähigkeit, aufzustehen und vor ihresgleichen zu reden, sondern nehmen jede Gelegenheit wahr, vor einem noch größeren Publikum und noch länger sprechen zu können.

11. Die eigene Macht erkennen

Der Schauspieler *Glen Ford* sagte einmal:

> „Wenn Sie nicht das tun, wovor Sie sich fürchten, dann kontrolliert die Angst Ihr Leben."

Es ist fast so, als wäre die Angst der Marionettenspieler und Sie die Marionette. Wenn Sie sich nicht mit der Angst beschäftigen und die Fäden durchschneiden, dann wird die Angst Sie dazu bringen, emotional und psychologisch zu tanzen. Wenn Sie eine Angst zu lange gewähren lassen, dann wird sie dazu tendieren, zu wachsen und zu wachsen und letztendlich Ihr gesamtes Denken zu beherrschen.

Lassen Sie sich nicht zur Marionette machen!

Die Art und Weise, wie Sie mit Angst umgehen sollten, ist, sich mit ihr zu konfrontieren. Stellen Sie sich der Angst, beschäftigen Sie sich mit der Angst, und bereiten Sie ihr ein Ende.

Sich mit der Angst beschäftigen

> „Mut ist kein Mangel an Angst oder die Abwesenheit von Angst. Es ist die Beherrschung von Angst, die Kontrolle von Angst."
>
> Mark Twain

Als junger Mann hatte dieses Zitat eine enorme Auswirkung auf mich. Was mir zu dieser Zeit bewußt wurde, war, daß wir alle vor so vielen Dingen Angst haben. Angst zu haben ist nicht nur normal, sondern hat auch die Funktion, uns vor wirklicher Gefahr zu beschützen. Selbstverständlich sollten wir uns nicht überschätzen und in den See springen, wenn wir nicht schwimmen können. Aber wir sollten uns mit der Angst konfrontieren, mit ihr umgehen lernen, statt uns von ihr abzuwenden und vor ihr zu fliehen.

Vorsicht vor Selbstüberschätzung!

Und die Eigenschaft, die Sie mehr als alles andere brauchen, um sich Ihren Ängsten zu stellen, ist Selbstdisziplin. Wenn Sie sich selbst disziplinieren, sich Ihren Ängsten stellen, mutig handeln, auch wenn Sie sich nicht

Sie übernehmen die Kontrolle

11. Die eigene Macht erkennen

danach fühlen, dann wird sich die Angstsituation in wunderbarer Weise von selbst lösen, und Sie werden sich sehr zufrieden fühlen. Sie übernehmen die volle Kontrolle über die Entwicklung und das Wachstum Ihres Charakters und Ihrer Persönlichkeit in einer positiven Form.

Auf ein Ziel zugehen Mut besteht unter anderem darin, sich in die Richtung eines selbstgesetzten Zieles zu bewegen. Es ist die Fähigkeit und Bereitschaft, sich ein Ziel zu setzen und dann den ersten Schritt dahingehend zu unternehmen, dieses Ziel zu erreichen. Wenn Sie sich in Richtung Ihres Ziels bewegen, wie fern dies auch sein mag, dann fangen Sie an, einen Zeitkorridor entlangzugehen. Während Sie diesen Korridor entlanggehen, öffnen sich Ihnen zu beiden Seiten weitere Möglichkeiten, die Ihnen verschlossen geblieben wären, wenn Sie sich nicht auf den Weg gemacht hätten.

Die meisten erfolgreichen Menschen erreichen ihren Erfolg auf einem Gebiet, das sich vollkommen von ihrer ursprünglichen Zielsetzung unterscheidet. Weil sie jedoch in Bewegung waren, sahen sie Gelegenheiten und Möglichkeiten, die ihnen nicht offengestanden hätten, hätten sie gewartet, bis alles genau richtig gewesen wäre. Übrigens: Alles wird nie genau richtig sein.

Mut weiterzumachen Mut bedeutet jedoch auch, auszuhalten und dabeizubleiben. Es ist der Mut, den Weg beizubehalten und trotz aller Widrigkeiten weiterzumachen. Selbstdisziplin und Mut lassen Sie eine innere Stärke entwickeln, die Sie befähigt, jedes Hindernis auf Ihrem Weg auszuräumen.

Ganz oder gar nicht Mut bedarf es auch, sich vollständig auf etwas einzulassen, sich einer Sache ganzen Herzens hinzugeben, was es auch sei, für was Sie sich entschieden haben. Alle erfolgreichen Leute sind meiner Erfahrung nach Menschen, die sich auf ihr Leben und ihre Ziele vollständig eingelassen haben und absolut dabei sind. Sie verrichten Dinge nicht mit halbem Maß. Sie mögen zwar keine

11. Die eigene Macht erkennen

Garantien haben, aber sie haben keine Angst, mit ganzem Herzen bei dem zu sein, was sie tun. Wenn sie scheitern, dann scheitern sie in dem Wissen, daß sie etwas wirklich versucht haben, und nicht, indem sie am Rande stehen und wünschen und hoffen, daß die Dinge richtig wären.

Ein weiterer Aspekt von Mut ist der Mut, sich aus der Komfort-Zone herauszubewegen und diese einzutauschen gegen Situationen, in denen Sie sich vielleicht ungemütlich fühlen, wo Sie sich komisch, unbeholfen und alleine vorkommen. Die Komfort-Zone ist einer der größten Feinde des menschlichen Potentials. Wenn Leute sich in einer Komfort-Zone befinden, dann bemühen sie sich darum, in dieser Komfort-Zone zu bleiben, und oft läuft ihr ganzes Leben an ihnen vorbei, während sie sich mit der Mittelmäßigkeit zufriedengeben und ihr Potential brachliegt.

Raus aus der Komfort-Zone

Sie brauchen den Mut, etwas mit Glauben zu beginnen, ohne die Garantie auf Erfolg. Jemand hat einmal geschrieben:

Es gibt keine Garantie auf Erfolg

> „Wenn zuerst alle Hindernisse aus dem Weg geräumt werden müssen, dann wird niemals etwas getan werden."

Mutige Menschen sind diejenigen, die einen Traum und ein Ziel haben, einen Plan machen und dann den ersten Schritt unternehmen, ohne die Garantie, daß ihre Bemühungen erfolgreich enden werden. Wenn Sie jedoch jeden Schritt vorwärts als wertvolle Erfahrung betrachten und jeden Rückschlag als eine Lektion annehmen, die Sie stärker und besser macht, dann haben Sie keine Angst, mit Glauben das Ungewisse anzutreten.

Sie brauchen den Mut, einen Mißerfolg zu riskieren. Sie brauchen den Mut, ständige Rückschläge, Enttäuschungen und zeitweilige Niederlagen zu ertragen. Sie

Mißerfolge riskieren

11. Die eigene Macht erkennen

müssen sich mit Mißerfolg auseinandersetzen und erkennen, daß er eine unerläßliche Voraussetzung zum Erfolg ist. Und je höhere und bessere Ziele Sie für sich selbst setzen, desto öfter werden Sie stolpern und hinfallen. Aber solange Sie klare Ziele haben, werden Sie immer nach vorne fallen. Sie werden sich immer wieder selbst aufraffen und dem Ziel ein bißchen näher sein als zuvor.

Fehler eingestehen Haben Sie den Mut einzugestehen, daß Sie Fehler machen. Jeder, der eine ausgezeichnete Leistung bringt, fällt ständig Entscheidungen, macht Fehler, lernt aus ihnen, korrigiert sich selbst und fährt fort. Erfolgreiche Menschen sind nicht unbedingt diejenigen, die zu jeder Zeit die richtigen Entscheidungen treffen, aber sie treffen ihre Entscheidungen richtig. Wenn Sie einen Fehler machen, lernen Sie aus ihm soviel wie möglich und machen dann weiter. Bedenken Sie, Sie können nur lernen, erfolgreich zu sein, indem Sie scheitern und Fehler machen. Je öfter Sie scheitern und je mehr Fehler Sie machen, desto cleverer werden Sie und desto wahrscheinlicher ist es, daß Sie am Ende großartigen Erfolg haben.

Notfalls den Kurs ändern ... Haben Sie keine Angst, Ihre Verluste offenzulegen. Haben Sie keine Angst, zuzugeben, daß Sie unrecht hatten und vielleicht in der Klemme sitzen. Sie brauchen den Mut, vollständig die Verantwortung für Ihr Leben zu übernehmen. Weigern Sie sich, Entschuldigungen vorzutragen oder sich zu verteidigen. Wenn etwas schiefläuft, denken Sie zukunfts- und lösungsorientiert. Sagen Sie sich: „Was machen wir jetzt? Was ist der nächste Schritt? Was haben wir gelernt?" Wenn sich etwas im nachhinein als schlechte Idee herausgestellt hat, sollten Sie den Mut haben, notfalls den Kurs zu ändern und mit etwas vollständig Neuem anzufangen. Dies ist ein Zeichen für Mut, persönliche Stärke und effektives Denken.

... oder beharrlich bleiben Andererseits sollten Sie beharrlich bleiben, wenn Sie weiterhin von Ihrer Idee überzeugt sind – gleichgültig,

11. Die eigene Macht erkennen

welche Widrigkeiten Ihnen die Welt entgegenschleudert. Wie beim Baseball werden Sie, wenn Sie den Schläger immer wieder schwingen, letztendlich einen „home run" erzielen.

> **Niemand scheitert, solange er das Scheitern nicht als Realität akzeptiert.**

Wenn Sie die Selbstdisziplin entwickeln, das zu tun, was Sie tun sollten, ob Sie sich danach fühlen oder nicht, und Sie diese Selbstdisziplin dazu benutzen, einen hohen Grad an Mut und Beharrlichkeit zu entwickeln, dann werden Sie zu einer starken Persönlichkeit. Sie bringen sich selbst an den Punkt, an dem Sie absolut nicht mehr aufzuhalten sind.

Der Schlüssel zum Erfolg

Der Beginn, Großes zu erreichen — Mit der Fähigkeit, *Thinking Big* für Sie selbst und Ihre Zukunft anzuwenden, beginnen Sie, etwas Großes in Ihrem Leben zu erreichen. Sie können im Außen niemals mehr erreichen als das, was Sie sich innerlich vorstellen können. Je mehr Sie Ihre innere Geisteshaltung erweitern, je größer Ihre Träume und Ziele sind und je höher die Standards, die Sie anstreben, desto mehr werden Sie in allem erreichen, was Sie angehen.

Erfolg ist kein Zufall — Erfolg hinterläßt Spuren. Er ist kein Zufall. Erfolg geschieht bestimmten Menschen aus bestimmten Gründen. In der gesamten Geschichte gab es unzählige Männer und Frauen, die mit nichts angefangen haben und es manchmal erst sehr spät in ihrem Leben beruflich wie privat zu großem Erfolg gebracht haben. Wenn Sie das Leben leben wollen, das zu leben Sie fähig sind, dann sollten Sie andere erfolgreiche Menschen beobachten, so wie wir es in diesem Programm gemacht haben, und sich deren Erfolgseigenschaften aneignen – so lange, bis Sie die gleichen Resultate erzielen.

Fünf Erfolgseigenschaften — Durch Interviews mit besonders leistungsfähigen Männern und Frauen in den Vereinigten Staaten fand man heraus, daß diese, gleichgültig aus welchem Umfeld sie kamen, *fünf Eigenschaften* gemeinsam hatten.

1. Gesunder Menschenverstand

Vernunftgeleitetes Denken — Gesunder Menschenverstand wurde definiert als praktische, objektive Art und Weise, das Leben und die Probleme zu betrachten und die Fähigkeit zu besitzen, sie vernünftig und systematisch zu durchdenken.

12. Der Schlüssel zum Erfolg

Erfahrungsschatz

Gesunder Menschenverstand wurde ebenfalls definiert als die Fähigkeit, aus Erfahrungen zu lernen und dieses auf zukünftige Ereignisse anzuwenden. Erfolgreiche Menschen scheinen eine beachtliche Menge an Erfahrungen zu besitzen, durch die sie gelernt haben, Regeln und Verhaltensmuster in ihrem Job und ihrem Umfeld zu erkennen. Dank dieser Fähigkeit, Verhaltensmuster schnell zu erkennen, sehen sie, welche Situationen sich abzeichnen und welchen Verlauf die Dinge aller Wahrscheinlichkeit nach nehmen werden. Eher als andere Leute wissen sie so, was zu tun ist, um entweder Gefahren zu meiden oder günstige Gelegenheiten wahrzunehmen.

> „Weisheit ist ein ausgeglichenes Maß an Erfahrung und Reflektion."
>
> Aristoteles

Erfahrungen reflektieren

Nicht Erfahrung allein macht weise. Man muß sich auch die Zeit nehmen, um über die Erfahrungen noch einmal nachzudenken. Erfolgreiche Männer und Frauen planen regelmäßig bestimmte Zeiten ein, in denen sie sich zurückziehen und in Ruhe über alles nachdenken, was ihnen passiert ist. Diese Phasen der Reflektion ermöglichen ihnen, ihre Erfahrungen in neue Verhaltensmuster zu integrieren und diese bei zukünftigen Ereignissen in ihren Denk- und Entscheidungsprozeß einfließen zu lassen.

Als Ergänzung zu Aristoteles' Diktum über Erfahrung und Reflektion würde ich hinzufügen:

> Weisheit ist ein ausgeglichenes Maß an Erfahrung, Reflektion und Wissen.

Wissen kontinuierlich erweitern

Heute muß man ständig neues Wissen aufnehmen, es nutzen und mit dem bisherigen Wissen und den bisherigen Erfahrungen abgleichen, um auch zukünftig gute Entscheidungen treffen zu können. Da sich das Wissen

12. Der Schlüssel zum Erfolg

auf jedem Gebiet alle zwei bis drei Jahre verdoppelt, muß dies auch für Ihren Wissensstand gelten, damit Sie zumindest mit der Entwicklung Schritt halten können. Wenn Sie vorankommen wollen, müssen Sie sich weiterbilden und sehr intensiv an sich arbeiten.

2. Selbstverantwortung

Keine Schuldzuweisungen, keine Ausreden

Dies war die zweite Erfolgseigenschaft, und sie bedeutet, daß erfolgreiche Menschen die Lösungen für ihre Probleme bei sich selbst suchen. Sie weigern sich, Ausreden zu finden oder andere zu beschuldigen. Sie sind in höchstem Maße selbstverantwortlich in allem, was sie tun, und erwarten nicht, daß irgend jemand kommen und ihnen helfen wird. Sie wissen, daß sie die Dinge selbst in die Hand nehmen müssen, wenn sie ihr Leben oder ihre Arbeit verbessern wollen. Sie wissen, daß sie selbst dafür verantwortlich sind, was sie sind, wo sie sind und wie sie sind.

Der erste Schritt muß von Ihnen kommen

Das Interessante an Selbstverantwortung ist: Wenn Sie sich angewöhnen, eher bei sich selbst zu schauen, statt von anderen Hilfe zu erwarten, dann stehen die anderen geradezu Schlange, um Ihnen zu helfen. Wenn Sie jedoch versuchen, andere dazu zu bringen, Ihnen zu helfen, bevor Sie den ersten Schritt gemacht haben, wird man sich eher von Ihnen zurückziehen.

3. Expertenwissen

Spitzenleistungen

Die dritte Erfolgseigenschaft leistungsstarker Menschen besagt, daß leistungsstarke Menschen in ihren Gebieten Spitzenleistungen vollbringen. Als Ergebnis davon verdienen sie sich Respekt und Anerkennung nicht nur von Kollegen und Mitarbeitern, sondern auch von anderen Menschen.

Sich das Ziel setzen, zu den Besten zu gehören

Ihre Aufgabe ist, sich zum Ziel zu setzen, ein Mitglied *der besten zehn Prozent auf Ihrem Gebiet* zu werden. Wie ich über die Jahre festgestellt habe, besteht der schwierigste Teil davon, einer der Besten zu werden –

12. Der Schlüssel zum Erfolg

gleichgültig auf welchem Gebiet –, darin, zunächst einmal die Entscheidung zu treffen, das zu tun. Ich habe mit Hunderten von Topleuten aus allen möglichen Branchen gearbeitet. Bei allen gab es einen entscheidenden Wendepunkt in ihrem Leben, als sie die unumstößliche Entscheidung trafen und sich dazu verpflichteten, jeden Preis zu zahlen, den es kosten würde, um zu den besten zehn Prozent zu gehören.

Und wenn Sie erst zu den besten zehn Prozent gehören, werden Sie feststellen, daß Ihr Leben besser ist, als Sie es sich heute vorstellen können. Es ist vollkommen egal, ob es eine Woche dauert, einen Monat oder mehrere Jahre – es ist auf jeden Fall den Preis wert, den Sie bezahlen. Sie werden wesentlich mehr Selbstachtung haben und stolz auf Ihre persönliche Leistung sein. Sie werden über einen weitaus höheren Lebensstandard verfügen und den Respekt und die Achtung von all den anderen Topleuten um Sie herum genießen.

4. Intelligenz

Intelligenz läßt sich auf drei Arten definieren. Zunächst ist Intelligenz natürlich eine Frage des *IQ*. Jemand ist intelligent, weil er oder sie gute Noten in der Schule hatte. Aber das ist nicht das Wichtigste. Eine zweite Definition von Intelligenz ist das, was man heute als *„emotionale Intelligenz"* bezeichnet. Es ist die Fähigkeit, effektiv mit anderen Menschen umzugehen, sich in sie hineinversetzen zu können und sie bei der Erreichung ihrer Ziele zu unterstützen. Ein brillanter Denker ohne Einfühlungsvermögen wird in seiner Karriere nur sehr begrenzten Erfolg haben.

IQ und EQ

Die dritte und vielleicht wichtigste Definition von Intelligenz ist *„intelligentes Handeln"*. Wenn Sie intelligent handeln, sind Sie klug. Wenn Sie sich dumm verhalten, sind Sie dumm – ungeachtet Ihres IQ. Eine intelligente Art zu handeln ist, das zu tun, was Sie einem Ihrer selbstgewählten Ziele näher bringt. Alles, was Sie tun

Intelligentes Handeln

12. Der Schlüssel zum Erfolg

und was Sie dem näher bringt, von dem Sie entschieden haben, daß es wichtig für Sie ist, ist per definitionem eine intelligente Handlung.

Dummes Verhalten Andererseits verhalten Sie sich immer dann dumm, wenn Sie etwas tun, was mit Ihren eigenen Zielen *nicht* übereinstimmt, was Sie von einem Ziel wegbringt. Die meisten Menschen begreifen nicht, daß, wenn ihr Ziel beispielsweise darin besteht, gesund, durchtrainiert und fit zu sein, sie sich jedesmal, wenn sie sich vor dem Training drücken oder zuviel essen, dumm verhalten – gemessen an ihrer eigenen Definition dessen, was sie anstreben und wollen. Wenn Ihr Ziel darin besteht, einer der Besten auf Ihrem Gebiet zu sein, und Sie endlose Stunden damit verbringen, Zeitung zu lesen, durch die Gegend zu fahren oder fernzusehen, statt Ihr Handwerk zu lernen – dann verhalten Sie sich dumm.

5. Ergebnisorientierung

Die letzte Zutat zum Erfolg, die den Topleuten aus den „Who's Who" in den Vereinigten Staaten gemeinsam ist, ist ihre ergebnisorientierte Sichtweise. Wir haben bereits davon gesprochen und ich komme gleich noch einmal darauf zurück (vgl. Seite 154).

Selbstwertgefühl Ich habe nun schon knapp dreißig Jahre lang erfolgreiche Leute beobachtet. Ich habe vielleicht 3000 Bücher gelesen, über Tausende von Stunden hinweg Cassetten-Trainings gehört und unzählige Zeitschriften und Artikel gelesen. Ich habe wie ein Detektiv nach Anhaltspunkten gesucht, die auf große Erfolge hinweisen oder diese vermuten lassen. Fast sämtliche dieser Punkte habe ich in diesem Buch über *Thinking Big* erklärt. Mein großer Durchbruch im Verständnis von Erfolg kam vor vielen Jahren, als ich erkannte, daß er größtenteils darauf beruht, wie man sich selbst fühlt. Wenn man sich selbst großartig fühlt, dann ist man eher bereit, die notwendigen Risiken einzugehen, um die eigenen Ziele zu erreichen. Je größer Ihre Selbstachtung und Ihr Selbstwertgefühl ist, desto mehr

12. Der Schlüssel zum Erfolg

Mut und Vertrauen haben Sie und desto eher sind Sie bereit, große Träume zu träumen und in Ihrer Arbeit und in Ihrem Privatleben das *Thinking Big* zu nutzen.

Manchmal fragen mich die Leute nach dem Faktor von *Glück*. Sie sind überzeugt, daß Glück für den Erfolg eines Menschen eine große Rolle spielt. Sie glauben, daß manche Leute es haben und manche nicht. Sie versuchen mich davon zu überzeugen, daß es jemand hauptsächlich deshalb auf seinem Gebiet bis an die Spitze geschafft hat, weil er großes Glück hatte, was ihnen natürlich versagt geblieben war. Ich habe mich viele Jahre lang mit Glück beschäftigt. Meine Schlußfolgerung ist, daß Glück eine Frage der *Wahrscheinlichkeit* ist. Das bedeutet:

Glück ist eine Frage der Wahrscheinlichkeit

> Je mehr und je unterschiedlichere Dinge Sie tun, die geeignet sind, Ihnen dabei zu helfen, erfolgreich zu sein, desto wahrscheinlicher ist, daß Sie das Richtige zur richtigen Zeit tun.

Das ist keine Frage von Glück. Es ist eine Frage *klarer Gestaltung.* – Angenommen, Sie würden versuchen, Dartpfeile auf eine Zielscheibe zu werfen, so würden Sie selbst in einem abgedunkelten Raum früher oder später die Scheibe treffen, und, wenn Sie genügend Pfeile werfen würden, letztendlich vielleicht auch ins Schwarze treffen. Wäre das Licht aber an und Sie könnten die Zielscheibe sehen, dann würde sich die Zeit, die Sie bräuchten, um ins Schwarze zu treffen, deutlich reduzieren. Und natürlich würde jeder bei einem Treffer ins Schwarze sagen, daß Sie nur „Glück" gehabt haben.

Klare Gestaltung

Ihr Lebensziel – und auch der Grund, warum Sie dieses Buch lesen – besteht nicht darin, daß Sie einfach nur leben wollen, sondern daß Sie ein wirklich tolles Leben führen wollen. Ihr Ziel sollte sein, mit Ihrem Leben etwas Wunderbares anzufangen. Ihr Ziel sollte nicht nur sein, große Ideen zu entwickeln, sondern auch wirklich etwas Besonderes zu erreichen.

Das Leben nutzen

12. Der Schlüssel zum Erfolg

> Man geht nicht einfach hinaus und hat ein tolles Leben.
> Man geht hinaus und macht sich ein tolles Leben.

G-R-E-A-T   Das Wort „great", zu deutsch „hervorragend", hat im Englischen fünf Buchstaben: G-R-E-A-T. Diese fünf Buchstaben können für fünf grundlegende Qualitäten stehen, die wir im Verlauf dieses Buches besprochen haben. Ich möchte sie noch einmal kurz aufgreifen, damit Sie von jetzt an einen klaren Wegweiser haben.

G = „goal-orientation" (dt. Zielorientierung)

Alle leistungsfähigen Menschen sind ausgesprochen zielorientiert. Sie haben eine klare Vision von ihrer idealen Zukunft. Sie fixieren ihre Ziele schriftlich und haben konkrete Pläne, um sie zu verwirklichen. Sie überdenken ihre Ziele in regelmäßigen Abständen. Sie wissen, daß man kein Ziel erreichen kann, das man nicht klar vor sich sieht.

Die wichtigsten Aspekte einer erfolgreichen Zielsetzung hier noch einmal zur Wiederholung:

Klarheit ■ Entscheiden Sie zuerst, was Sie genau wollen.

Schriftlichkeit ■ Schreiben Sie es klar und detailliert auf.

Terminierung ■ Setzen Sie sich einen Termin, bei großen Zielen Etappentermine, zur Erreichung des Zieles.

Planung ■ Erstellen Sie einen genauen Plan mit allem, was Sie tun können, um Ihr Ziel zu erreichen. Ordnen Sie Ihre Aktivitäten-Liste nach Zeit und Priorität. Was sollten Sie zuerst tun, und was ist am wichtigsten?

Umsetzung ■ Unternehmen Sie sofort etwas zur Umsetzung Ihres Zieles. Gemäß *Konfuzius:* „Auch eine Reise von tausend Wegstunden beginnt mit einem einzigen Schritt."

12. Der Schlüssel zum Erfolg

- Gehen Sie eine hundertprozentige Verpflichtung für Ihr Ziel ein. Treffen Sie die Entscheidung, daß Sie niemals aufgeben werden, ein einmal gestecktes Ziel zu erreichen. **Commitment**

Ein wesentlicher Aspekt erfolgreicher Zielsetzung besteht darin, ganz genau zu wissen, wie das von Ihnen gewünschte Ergebnis aussieht, aber flexibel zu bleiben, was den Weg dorthin betrifft. Sobald Sie ein Ziel verinnerlicht haben, werden bemerkenswerte Dinge geschehen – viele davon vollkommen unerwartet. Sie sollten bereit sein, Ihre Richtung zu ändern, wenn sich neue Chancen oder Möglichkeiten eröffnen. Aber solange Ihre Ziele klar sind, werden sie sich genau dann materialisieren, wenn Sie dafür bereit sind. **Flexibilität**

R = „result-orientation" (dt. Ergebnisorientierung)

Bei jeder Untersuchung über leistungsfähige Menschen kommt am Ende heraus, daß sie die grundlegende Fähigkeit entwickelt haben, die ihnen gestellten Aufgaben zu erfüllen.

Ihr kostbarstes Gut, die Hauptquelle für cash flow in Ihrem Unternehmen, ist Ihre *„Verdienstfähigkeit"*, die Fähigkeit, Ihr Wissen und Ihre Kenntnisse zu benutzen, um Ergebnisse zu erreichen, die andere auch bezahlen wollen. Diese Verdienstfähigkeit veraltet kontinuierlich, jeden Tag, jede Woche, jeden Monat. Sie müssen deshalb Ihre Verdienstfähigkeit ständig erneuern, wenn Sie weiterhin soviel Geld verdienen wollen, wie Sie es sich zum Ziel gesetzt haben. **Verdienstfähigkeit**

Ihr wertvollstes Kapital ist Ihre Zeit. Und die beste Art, Ihre Zeit zu investieren, besteht darin, ständig Ihre Verdienstfähigkeit zu verbessern. Jede Anstrengung, die Sie unternehmen, um Ihre Kenntnisse und Fertigkeiten zu verbessern, trägt zu Ihrer Fähigkeit bei, mehr Geld zu

12. Der Schlüssel zum Erfolg

verdienen. Es erhöht Ihre Flexibilität und befähigt Sie, neue und schwierigere Aufgaben für unterschiedliche Kunden und Auftraggeber unter sich ständig ändernden Bedingungen durchzuführen.

Konzentration auf Kernbereiche

Der Hauptgrund für Mißerfolg ist in einer marktorientierten Wirtschaft ganz einfach ein geringer Grad an Produktivität, der gewöhnlich mit einer schlechten Nutzung von Zeit einhergeht. Deshalb ist es so wichtig, sich immer auf Tätigkeiten mit großem Wert zu konzentrieren. Arbeiten Sie an den Kernbereichen Ihres Erfolgs. Definieren und bestimmen Sie Ihre kritischen Erfolgsfaktoren, und stellen Sie einen Plan auf, um in jedem davon herausragend zu sein.

E = „excellence-orientation" (dt. Orientierung an Spitzenleistungen)

Erwartungen übertreffen

Um der oder die Beste zu werden, sollten Sie sich entschließen, mehr zu tun als das, wofür Sie bezahlt werden. Das Gefühl, mit ganzem Herzen an einer Sache zu arbeiten und das, was Ihr Unternehmen von Ihnen erwartet, noch weit zu übertreffen, ist phantastisch und beflügelt Sie zu weiteren Spitzenleistungen.

Fähigkeiten optimieren

Bedenken Sie: Spitzenleistung ist eine Reise, nicht das Ergebnis. Spitzenleistung ist ein bewegliches Ziel, sie ist täglich optimierbar. Und Sie wissen ja: Die schwächste Eigenschaft bestimmt in der Regel die Gesamtleistung. Also – vertrauen Sie sich jemandem an, und fragen Sie ihn oder sie nach Ihren Schwächen. Wenn Sie im Verkauf tätig sind, können Sie Ihren Verkaufsleiter oder einen Ihrer Kunden fragen. Bedenken Sie, daß es fast unmöglich ist, von ganz alleine besser zu werden oder seine Schwachstellen ohne die Hilfe anderer zu erkennen.

> „Feedback ist das Frühstück der Champions."
> Ken Blanchard

12. Der Schlüssel zum Erfolg

Die Zukunft gehört der Kompetenz, und um mehr zu verdienen, müssen Sie mehr lernen. Investieren Sie kontinuierlich in sich selbst. Manchmal hört man Leute darüber klagen, daß Bildung teuer sei. Nun, wenn solche Leute denken, Bildung sei teuer, sollten sie es mit Dummheit versuchen.

In Bildung investieren

In jedem Herstellungsprozeß gibt es heutzutage Nebenprodukte, die üblicherweise weggeworfen werden. Im Zeitalter des Recycling finden die Unternehmen jedoch neue Wege, um Nebenprodukte in neue Produkte zu verwandeln. Manchmal sind diese Nebenprodukte ertragreicher geworden als das Hauptprodukt selbst. In Ihrem Arbeitsleben ist das Nebenprodukt Ihrer täglichen Aktivitäten Ihre *Freizeit*. Oft ist es die kluge Verwendung dieser Zeit, die zu einem großen Teil den Erfolg oder Mißerfolg im späteren Leben bestimmt. Gehen Sie also weise mit Ihrer Zeit um, und nutzen Sie sie für Ihre persönliche Weiterentwicklung.

Freizeit nutzen

A = „action-orientation" (dt. Handlungsorientierung)

Handlungsorientierung ist vermutlich die wichtigste Eigenschaft für den praktischen Erfolg. Je unterschiedlichere Dinge Sie tun und je schneller Sie sie tun, desto mehr lernen Sie und desto besser werden Sie. Der größte Erfolgsverhinderer ist das Zögern, das Aufschieben von großen und wichtigen Aufgaben auf einen späteren Zeitpunkt, das meist dazu führt, daß man es letztendlich ganz läßt. Das Aufschieben ist eine Gewohnheit, die durch Trägheit oder Angst entsteht. Sie können und müssen sie überwinden.

Zögerlichkeit überwinden

Wirklich handlungsorientiert zu werden, erfordert die Angewohnheit, zu entscheiden, was Sie tun wollen, und dann sofort loszulegen, bevor Sie Zeit haben, darüber nachzudenken oder Angst zu bekommen. Eine meiner Lieblingsregeln für Erfolg besagt:

Entscheiden und loslegen

12. Der Schlüssel zum Erfolg

> Handle mutig, und unvorhergesehene Kräfte werden dir zur Seite stehen.

Ergreifen Sie die Initiative, wann immer Sie die Gelegenheit dazu haben. So entwickeln Sie ein Gefühl fürs Vorankommen, das Sie auch dann noch motiviert, wenn der Durchschnitt schon lange aufgegeben und resigniert hat.

T = „time-orientation" (dt. Zeitorientierung)

Erfolgreiche Leute denken viel darüber nach, wie sie ihre Zeit nutzen. Sie planen sie und teilen sie sorgfältig ein. Sie stellen sicher, daß sie ihre Zeit für die Aktivitäten verwenden, die für sie von hohem Wert sind.

Kontrolle und Wahlfreiheit
Zeitmanagement versetzt Sie in die Lage, die Abfolge der Ereignisse bei Ihrer Arbeit zu *steuern*. Es erlaubt Ihnen, zu bestimmen, was Sie zuerst tun, was Sie als zweites tun und was Sie überhaupt nicht tun. Es gibt Ihnen das Gefühl, die Dinge im Griff zu haben. Bedenken Sie, daß Sie immer die Freiheit haben, die Abfolge der Ereignisse festzulegen und zu bestimmen, was Sie tun und was Sie lassen. Sie haben immer die *Freiheit zu wählen*, was Sie tun und was Sie nicht tun. Und die Wahl, die Sie treffen, bestimmt alles, was Ihnen passieren wird.

Umverteilung von Zeit
Zeit können Sie nicht sparen. Sie können sie nur unterschiedlich nutzen. Sie können Ihre Zeit umverteilen: weg von Aktivitäten mit geringerem Wert, hin zu Aktivitäten mit hohem Wert; weg von unnötigen Plaudereien und hin zu produktiver Arbeit und zu den Aktivitäten, die Ihr Leben wirklich positiv beeinflussen.

80/20-Regel
Der wichtigste Aspekt des Zeitmanagements liegt in Ihrer Fähigkeit, Prioritäten zu setzen. Wenden Sie die 80/20-Regel (Pareto-Prinzip) auf alles an, was Sie tun. Arbeiten Sie immer nur an den wichtigsten Punkten, den

12. Der Schlüssel zum Erfolg

20 Prozent, die 80 Prozent des Gesamtergebnisses ausmachen.

Es gibt ein altes amerikanisches Sprichwort: „Eat the frog!" Es besagt:

> Wenn man morgens nach dem Aufstehen als erstes einen lebenden Frosch verspeist, kann man beruhigt durch den Tag gehen und darauf vertrauen, daß *das* das Schlimmste war, was einem an diesem Tag passieren konnte.

Im übertragenen Sinn heißt das: Wenn Sie jeden Morgen aufstehen und sofort mit der größten, schwierigsten und wichtigsten Aufgabe beginnen, die Ihnen bevorsteht, und sich selbst dazu disziplinieren, an dieser Aufgabe weiterzuarbeiten, bis sie fertig ist, dann haben Sie die Genugtuung zu wissen, daß Sie *über* Ihrer Arbeit stehen und Meister Ihres Lebens sind.

Den Tag mit der wichtigsten Aufgabe beginnen

Da wir uns nun dem Ende dieses Buches nähern, möchte ich abschließend noch darauf hinweisen, daß Ihre Fähigkeit zum *Thinking Big*, zum „Denken ohne Grenzen" über sich selbst und Ihr Leben, genau das ist, was Ihre Zukunft praktisch grenzenlos sein läßt. Wir leben in der aufregendsten Zeit der Menschheitsgeschichte. Ihnen stehen heute mehr Gelegenheiten und Möglichkeiten offen als jemals zuvor.

Denken ohne Grenzen

Wenn Sie sich dazu verpflichten, große Träume zu träumen, ständig besser zu werden in dem, was Sie tun, und an den Aufgaben zu arbeiten, die die höchste Priorität besitzen, und darüber hinaus niemals, wirklich niemals aufzugeben, dann gibt es nichts auf der Welt, was Sie nicht erreichen können.

Sie können, wenn Sie wollen

Vielen Dank, daß Sie dieses Buch gelesen haben. Ich wünsche Ihnen das Allerbeste für Ihre Gesundheit, Ihre Zufriedenheit und Ihren Erfolg in den kommenden

Mit den besten Wünschen

12. Der Schlüssel zum Erfolg

Monaten und Jahren. Bitte nutzen Sie die Ideen, die dieses Buch enthält, und wenden Sie sie auf Ihr Leben an. Erstellen Sie noch *heute* eine Liste mit Aktivitäten. Ordnen Sie diese Liste nach Prioritäten. Wählen Sie den wichtigsten Punkt aus, und wenn Sie morgens aufstehen:

Eat the frog!

Viel Erfolg!

Stichwort- und Autorenverzeichnis

40-Plus-Formel 64
80/20-Regel 82, 158 f.

Affirmationen 90, 93, 107
Angst 14, 19, 38, 74, 81, 84, 142 f., 157
Arbeit 20, 65 ff., 88, 101, 128, 131
Aristoteles 60, 122 f., 149

Begeisterung 16, 29, 50, 116
Beziehung 111 ff., 120 f., 131, 134
Blanchard, Ken 156
Brainpower 41, 44, 58
Brainstorming 55, 58 f., 77 f.

Campbell, Joseph 38
Carnegie, Dale 37
Chancen 8, 85, 92, 105, 107, 138, 155
Charakter 122 ff., 139
Churchill, Winston 141

Differenzierung 33 f.
Drucker, Peter 43
Durchhaltevermögen 136

Edison, Thomas 80
Ehrgeiz 25
Ehrlichkeit 127 ff.
Einstein, Albert 43
Emerson, Ralph Waldo 46, 142
Emotionalisieren 95 f.
Engpaß 53 ff.
Entscheidungsfindung 74 ff.
Enttäuschungen 99 f., 106 f.
Erfahrung 36, 149
Erfolgseigenschaften 148 ff.
Erfolgsgewohnheiten 68 ff.

Stichwort- und Autorenverzeichnis

Ergebnisorientierung 139, 152, 155
Erlernte Hilflosigkeit 12 f., 91

Familie 19, 88 f., 125 f., 137 f.
Ford, Glen 143
Ford, Henry 52
Foreman, Ed 69
Fragen 44, 49, 52 f., 55f.

Gates, Bill 41
Gesetz der Anziehungskraft 16
Gesetz der Erwartung 15
Gesetz des Glaubens 15
Gesetz der Übereinstimmung 16, 122
Gesundheit 16, 19, 88 f., 125 f.
Getty, John Paul 78, 103
Glück 26, 38 f., 44, 153
Gray, Herbert 139
Gretzky, Wayne 102

Handlungsorientierung 157
Hill, Napoleon 37

Idealisieren 86 f.
Ideen 40, 45, 49 ff., 72 f., 116 f.
Information 9, 40 ff., 47 f., 130
Integrität 123, 128
Intelligenz 42, 151
Internet 9
Intuition 128

James, William 108

Kant, Immanuel 133
Komfort-Zone 13, 145
Konzentration 35 f., 82 f., 156
Konzept des entscheidenden Vorsprungs 27, 42
Kreativität 49 ff.
Kritische Erfolgsfaktoren 27 ff., 42, 156

Stichwort- und Autorenverzeichnis

Lernen 11 f., 14, 17
Lincoln, Abraham 109
Lombardi, Vincent 97

Maslow, Abraham 19
McKay, Harvey 114
Mentales Training 94, 97
Mentale Vorbereitung 100
Mindstorming 55 ff., 78, 106
Mißerfolg 19, 43, 80, 84, 91, 99, 105 ff., 122, 145 f., 157
Mut 14, 37, 48, 79, 86, 123, 134, 136, 141 ff., 144 ff., 153

Napoleon 103
Netzwerk 114 ff.
Nightingale, Earl 55

Osborn, Alex 58

Peale, Norman Vincent 92
Prioritäten 22, 80 f., 125 f., 159 f.
Probleme 44 f., 49 ff., 55, 73, 75 ff., 85, 92, 100, 148

Realisieren 96
Realitätsprinzip 61, 138
Roosevelt, Theodore 71
Rothschild, Baron von 114

Segmentierung 34
Selbstachtung 26, 79, 86, 151
Selbstbewußtsein 37, 48, 79
Selbstdisziplin 136 f., 139 ff., 147
Selbstkontrolle 137, 142
Selbstmotivation 23
Selbstverantwortlichkeit 14, 107
Selbstverantwortung 30, 130
Seligman, Dr. Martin 12, 91
Shakespeare 30, 127

Stichwort- und Autorenverzeichnis

Spezialisierung 33
Spitzenleistung 19, 25 ff., 150, 156
Stanley, Dr. Thomas 61 f.
Strategie 8, 30 f., 83

Technik 9
Thoreau, Henry David 20
Tugend 123, 141
Twain, Mark 143

Verbalisieren 90 ff.
Vision 18 f., 24, 87 ff., 141, 154
Visualisieren 92 ff.

Waitley, Denis 139
Watson, Thomas 80
Welch, Jack 61
Werte 123 ff.
Wettbewerb 9f.
Wissen 9 ff., 22, 40 ff., 48, 67, 72, 102, 130, 149, 155
Wohlstand 8, 17, 60 ff.
World Wide Web 9

Zaleznik, Dr. Abraham 99
Zauberfragen 105
Zeit 67, 70, 72, 83, 88, 115, 138, 155, 158
Zeitverschwendung 78
Zero-Based-Thinking 32, 53
Ziele 10 ff., 21 ff., 49 ff., 73, 89, 95, 98, 100, 108, 116, 122, 128, 140 f., 144, 150 f.
Zielorientierung 154, 158

SCHEELEN® Institut für Managementberatung und Bildungsmarketing

„Nicht der Wind, sondern die Segel bestimmen den Kurs". Dieses Sprichwort passt genau auf die unternehmerische Situation. Der Erfolg eines Unternehmens kommt in der heutigen dynamischen Wirtschaft nicht von allein. In diesem Umfeld besteht nur, wer die Auswahl seiner Führungskräfte und Mitarbeiter sowie ihre fachliche und persönliche Weiterentwicklung ernst nimmt. Dabei spielen die richtigen Diagnostik- und Trainingsinstrumente eine entscheidende Rolle. Immer mehr Unternehmen vertrauen auf unser führendes Know-how. Es bringt Sie auf den richtigen Kurs."

Frank M. Scheelen, Direktor

Unsere Philosophie basiert auf dem wichtigsten Gebot für die heutige Unternehmenswelt: Wer auch in Zukunft Erfolg haben will, muss schon heute seine Stärken mobilisieren. Wir vereinen führendes Know-how auf den Gebieten Personalentwicklung, Beratung, Training und Bildungsmarketing zu einem wirksamen Gesamtsystem. Die Steigerung des Unternehmenserfolges hängt von der Verwendung der richtigen Bausteine ab. Denn für jedes Unternehmen gilt: Bei der Optimierung des Ist-Zustandes hilft nur die richtige Kombination der Hilfswerkzeuge. In unserer Arbeit nutzen wir die hohe Qualität der INSIGHTS Management Development Instruments®. Genauso erfolgreich greifen wir auf das renommierte Brian Tracy-Trainingssystem zurück.

Überzeugende Trainingswerkzeuge untermauern Theorie durch Praxisnähe. Das Trainingsprogramm von Brian Tracy setzt sich aus über 30-jähriger Forschungsarbeit und Praxiserfahrung zusammen. Kombiniert mit den INSIGHTS Diagnostikinstrumenten ermöglicht es einen ganzheitlichen Einsatz: Es berücksichtigt objektiv die Eigenschaften eines Mitarbeiters oder einer Führungskraft und baut darauf auf. Wichtig ist auch, dass das Gelernte in den Köpfen nicht schon bald wieder verloren geht. Das ausgereifte System des Tracy Trainingsprogramms mit 130 Themen begleitet den Lernenden über die Lernzeit hinaus. Es gewährleistet die stetige Wiederholbarkeit des erlernten Wissens auf leichte und effiziente Art.

Seminare / Audiohandbücher zum Selbststudium
- Leadership-Ausbildung (BTICU)
- INSIGHTS MDI-Akkreditierung, Der Weg zum INSIGHTS-Berater
- Managementkompetenz, Der Weg zum erfolgreichen Unternehmer
- Rekrutierung von Gewinnertypen
- Überzeugen Sie mit Ihrem Auftritt
- **Personal Leadership by Brian Tracy**
- Leistungs-Psychologie by Brian Tracy

- Verkaufs-Psychologie by Brian Tracy
- Superior Sales Management by Brian Tracy
- High Performance Leadership by Brian Tracy
- Brian Tracy Live

- **Bestseller:** *So gewinnen Sie jeden Kunden*
  95 Prozent unseres Erfolgs hängen davon ab, wie gut wir uns mit anderen Menschen verstehen. Unsere Beziehungskompetenz ist der Schlüssel zum Verkaufserfolg. Der durchschnittliche Verkäufer kann zu zwei Drittel seiner Kunden keine optimale Beziehung aufbauen. Erfahren Sie, wie Sie zum Beziehungsmanager werden und jeden Kunden – auch bisher »hoffnungslose« Fälle – überzeugen.

Fachbücher
- *Das Gewinnerprinzip* von Brian Tracy
- *Verkaufsstrategien für Gewinner* von Brian Tracy
- *Der neue Verkaufsmanager* von Brian Tracy und Frank M. Scheelen
- *Eat that frog* von Brian Tracy
- *Erfolg ist eine Reise* von Brian Tracy
- *Luckfactor* von Brian Tracy
- *Die ewigen Gesetze des Erfolgs* von Brian Tracy und Frank M. Scheelen
- *High Performance Leadership* von Brian Tracy, Hrsg. Frank M. Scheelen
- *Personal Leadership* von Brian Tracy und Frank M. Scheelen
- *So gewinnen Sie jeden Kunden* von Frank M. Scheelen
- *Menschenkenntnis auf einen Blick* von Frank M. Scheelen
- *Zukunftsmanagement, Trainingsperspektiven für das 21. Jahrhundert* u. a. von Brian Tracy und Frank M. Scheelen
- *Managementkompetenz, der Weg zum erfolgreichen Unternehmen* von Frank M. Scheelen und John Butler
- *Zukunft Kunde.com* von Edgar K. Geffroy, u. a. mit einem Beitrag von Frank M. Scheelen

Weitere Informationen erhalten Sie unter:
SCHEELEN®
Institut für Managementberatung und Bildungsmarketing
Klettgaustraße 21
D-79761 Waldshut-Tiengen
Telefon: 00 49 - (0) 77 41 - 96 94-0
Fax: 00 49 - (0) 77 41 - 96 94 20
E-Mail: info@scheelen-institut.de
Internet: www.scheelen-institut.de

 **Business-Bücher für Erfolg und Karriere**

Highspeed Reading
122 Seiten
ISBN 3-89749-057-9

Erfolg ist so einfach
184 Seiten
ISBN 3-89749-293-8

Empfehlungsmarketing
160 Seiten
ISBN 3-930799-41-3

Sich selbst präsentieren
168 Seiten
ISBN 3-930799-07-3

Praxisbuch Coaching
186 Seiten
ISBN 3-89749-138-9

Kontern – aber wie?
136 Seiten
ISBN 3-89749-182-6

Im Team an die Spitze
176 Seiten
ISBN 3-89749-082-X

Organisationsaufstellung und systemisches Coaching
176 Seiten
ISBN 3-89749-292-X

Erfolgreiche Verkaufsgespräche
176 Seiten
ISBN 3-89749-139-7

NLP for Business
144 Seiten
ISBN 3-89749-291-1

Seminare lebendig gestalten
192 Seiten
ISBN 3-89749-196-6

Selbstdisziplin
216 Seiten
ISBN 3-89749-137-0

Informationen über weitere Titel unseres Verlagsprogrammes erhalten Sie in Ihrer Buchhandlung, unter info@gabal-verlag.de oder im GABAL Shop

www.gabal-verlag.de

 **Business-Bücher für Erfolg und Karriere**

Das innere Archiv
368 Seiten
ISBN 3-89749-241-5

Das „neue" Stroh im Kopf?
180 Seiten
ISBN 3-89749-085-4

Projektmanagement
160 Seiten
ISBN 3-930799-01-4

Rhetorik Klassik
184 Seiten
ISBN 3-89749-021-8

Das neue 1x1
der Erfolgsstrategie
120 Seiten
ISBN 3-89749-195-8

Verkaufen Klassik
176 Seiten
ISBN 3-89749-206-7

Visualisieren Präsentieren
Moderieren
176 Seiten
ISBN 3-930799-00-6

Vom Trainer
zum e-Trainer
150 Seiten
ISBN 3-89749-294-6

Lifetime-Management
176 Seiten
ISBN 3-89749-181-1

Ziele managen
192 Seiten
ISBN 3-930799-36-7

Mind Mapping und
Gedächtnistraining
140 Seiten
ISBN 3-89749-198-2

Eat that frog
112 Seiten
ISBN 3-89749-200-8

Informationen über weitere Titel unseres Verlagsprogrammes erhalten Sie in Ihrer Buchhandlung, unter info@gabal-verlag.de oder im GABAL Shop

www.gabal-verlag.de